LE TOURNANT VERS L'INDUSTRIE
Forger un parti prolétarien

AUSSI DE JACK BARNES

LIVRES ET BROCHURES
Le bilan anti-ouvrier des Clinton
   Pourquoi Washington craint les travailleurs (2017)
Sont-ils riches parce qu'ils sont intelligents ?
   Classe, privilège et apprentissage sous le capitalisme (2016)
Malcolm X, la libération des Noirs et la voie vers le pouvoir ouvrier (2010)
Cuba et la révolution américaine à venir (2008)
Leur Trotsky et le nôtre (2004)
Malcolm X parle aux jeunes (2011)
La classe ouvrière et la transformation de l'éducation (2000)
Le désordre mondial du capitalisme (2000)
Le visage changeant de la politique aux États-Unis (2004)

DES PAGES DE *NOUVELLE INTERNATIONALE*
Le long hiver chaud du capitalisme a commencé (2005)
Notre politique commence avec le monde (2005)
L'impérialisme U.S. a perdu la guerre froide (1999)
Les premières salves de la troisième guerre mondiale (1991)
Politics of economics: Che Guevara and Marxist continuity (1991)
The fight for a workers and farmers government in the US (1985)

RECUEILS ET INTRODUCTIONS
Tribuns du peuple et syndicats (2020)
Rébellion Teamster/Dobbs (2010)
L'histoire du trotskysme américain/Cannon (2002)
The Eastern Airlines Strike/E. Mailhot (1991)
FBI on Trial (1988)

LE TOURNANT VERS L'INDUSTRIE

Forger un parti prolétarien

Jack Barnes

PATHFINDER
NEW YORK   LONDRES   MONTRÉAL   SYDNEY

Rédaction : Steve Clark et Mary-Alice Waters
Rédaction de la traduction en français : Michel Dugré

Copyright © 2020 Pathfinder Press
Tous droits réservés
All rights reserved

ISBN 978-1-60488-118-9
Numéro de contrôle de la Bibliothèque du Congrès /
Library of Congress Control number 2020936626

Imprimé aux États-Unis
Printed in the United States of America

CONCEPTION GRAPHIQUE DE LA PAGE COUVERTURE : Toni Gorton
PHOTOS DE LA COUVERTURE, DANS LE SENS DES AIGUILLES D'UNE MONTRE À PARTIR DU HAUT :

Février 1979 : Piquet de grève devant le chantier naval de Newport News, en Virginie. Ces travailleurs ont montré à quel point la lutte pour les droits des Noirs avait renforcé le mouvement ouvrier. (*Getty*)

Avril 1985 : Manifestation à Los Angeles exigeant que Washington cesse d'appuyer le régime d'apartheid en Afrique du Sud. (*Pat Nixon/The Militant*)

Décembre 2003 : Grévistes durant la campagne de syndicalisation de la mine de charbon Co-Op, à Huntington en Utah. « Ami, vous êtes sur le point de franchir une ligne de dignité et d'honneur, dit la pancarte. Si vous le faites pour éviter de perdre votre voiture ou votre maison, gardez à l'esprit que ce que vous êtes sur le point de perdre, c'est votre âme. » (*Tamar Rosenfeld/The Militant*)

Mars 1981 : Manifestation à Washington quelques semaines avant que 160 000 mineurs entreprennent une grève nationale de 10 semaines. La pancarte dit : « La poussière de charbon tue les mineurs. » (*Stu Singer/The Militant*)

Novembre 2019 : Grévistes et membres de leurs familles, en Colombie-Britannique, contre la compagnie ferroviaire Canadien National. Les cheminots revendiquaient des conditions de travail plus sécuritaires.

Pathfinder
www.pathfinderpress.com
Courriel : pathfinder@pathfinderpress.com

TABLE DES MATIÈRES

À propos de l'auteur   7

Introduction
Jack Barnes, septembre 2019   9

Diriger le parti vers l'industrie
Février 1978   27

Les travailleurs de l'acier luttent pour reconquérir leur syndicat
Avril 1977   71

Vingt-cinq leçons : la première année du tournant
Août 1979   77

Le travail syndical et la construction du parti dans les bassins houillers
Ken Shilman, février 1980   145

La formation d'un bureaucrate syndical
Marvel Scholl, avril 1972   167

Le tournant et la construction d'un mouvement communiste international
Novembre 1979   173

« Le communisme n'est pas une doctrine, mais un mouvement »
Avril 1979   201

Glossaire *205*

Index *221*

LES CAHIERS DE PHOTOS SUIVENT LES PAGES 26, 56, 72 ET 138

AUTRES PHOTOS ET ILLUSTRATIONS

Grève à Stearns au Kentucky et arrêt de travail national de 110 jours des Mineurs unis d'Amérique, en 1977 et 1978	*43*
Convention collective d'une page, *Northwest Organizer*, février 1937	*48*
Grève de camionneurs indépendants en 1979	*89*
Grève des éboueurs de Memphis en 1968 ; manifestation pour le droit à l'avortement à Washington, en 1971	*90*
« Cessez les exécutions en Iran ! » (1979)	*101*
Des travailleurs de l'habillement à San Francisco réclament les salaires non payés, 1992	*102*
Grève des Teamsters de Minneapolis ; campagne de syndicalisation dans le Midwest ; campagne syndicale contre la guerre, 1934-1938	*110*
Des travailleurs agricoles dans la vallée de Yakima luttent pour un syndicat en 1987 ; caravane de tracteurs à Washington en 1979	*120*
Activités de solidarité des Métallos à Baltimore en 1978 et 1979	*134*
Grève de mineurs de la Virginie-Occidentale qui a forcé la compagnie à reprendre un candidat socialiste licencié, 1982	*163*

À PROPOS DE L'AUTEUR

Jack Barnes est le secrétaire national du Parti socialiste des travailleurs. Il a adhéré au SWP en mai 1961. Il est membre du Comité national du parti depuis 1963 et un officier national depuis 1968.

Il a adhéré à l'Alliance des jeunes socialistes (YSA) en décembre 1960, peu après un voyage à Cuba révolutionnaire en juillet et août de la même année. À son retour, il a aidé à organiser, à l'université Carleton au Minnesota, un des groupes de campus les plus importants et les plus actifs du Comité fair-play pour Cuba. Depuis qu'il a adhéré au SWP, il a aidé à diriger le travail du parti en défense de la révolution socialiste à Cuba.

Quand il était organisateur de la branche du SWP à Chicago et organisateur de la YSA pour le Midwest, Jack Barnes a été un des principaux dirigeants d'une campagne victorieuse, qui a duré quatre ans, pour défendre trois membres de l'Alliance des jeunes socialistes à Bloomington, en Indiana, accusés en mai 1963 de « se regrouper » dans le but de promouvoir le renversement de l'État d'Indiana par la force et la violence. En 1965, il a été élu président national de la YSA et est devenu directeur du travail du SWP et de la YSA pour construire le mouvement croissant contre la guerre du Vietnam. En janvier 1965, Jack Barnes a rencontré Malcolm X à deux reprises pour une entrevue publiée dans la revue *Young Socialist*.

Depuis le milieu des années 70, Jack Barnes dirige le travail du Parti socialiste des travailleurs et de ses partis frères à travers le monde pour construire des partis communistes dont la grande majorité des membres et dirigeants sont des travailleurs et des syndicalistes qui organisent d'autres travailleurs pour forger et renforcer les syndicats et pour diriger la classe ouvrière et ses alliés vers une révolution socialiste victorieuse.

Jack Barnes collabore à la rédaction de la revue *Nouvelle Internationale* et est l'auteur de nombreux livres et articles sur la politique ouvrière révolutionnaire et le mouvement communiste, dont : *Sont-ils riches parce qu'ils sont intelligents ? Classe, privilège et apprentissage sous le capitalisme* ; *Le bilan anti-ouvrier des Clinton : pourquoi Washington craint les travailleurs* ; *Malcolm X, la libération des Noirs et la voie vers le pouvoir ouvrier* ; *Cuba et la révolution américaine à venir* ; *Leur Trotsky et le nôtre* ; « L'impérialisme U.S. a perdu la guerre froide » ; et « L'intendance de la nature incombe aussi à la classe ouvrière : en défense de la terre et du travail. »

INTRODUCTION

Jack Barnes

Le tournant vers l'industrie : forger un parti prolétarien traite du programme ouvrier, de la composition et de la ligne de conduite prolétariennes du seul type de parti digne de s'appeler « révolutionnaire » à l'époque impérialiste ; du seul type de parti capable de reconnaître le fait le plus révolutionnaire de notre époque : la valeur des travailleurs et notre capacité de changer la société lorsque nous nous organisons et agissons contre les capitalistes et toutes les formes économiques, sociales et politiques de leur domination de classe.

Ce livre décrit comment construire un tel parti aux États-Unis et dans d'autres pays capitalistes à travers le monde. Il traite du cours que les prédécesseurs du Parti socialiste des travailleurs ont suivi depuis 100 ans et que le SWP continue à suivre.

« Nous ne réussirons à enraciner le parti dans la classe ouvrière et à empêcher ses principes prolétariens révolutionnaires de s'avilir, que si le parti est très largement prolétarien, composé dans sa très grande majorité de travailleurs dans les usines, les manufactures et les mines, » ont souligné les résolutions adoptées par le congrès du SWP en 1938. Le parti doit devenir « indissociable des syndicats et de leurs luttes. » Il doit être inséparable des batailles que la classe ouvrière et les autres producteurs exploités mènent jour après jour pour nous défendre, nous et nos familles, contre les conséquences brutales de l'oppression capitaliste.

Cette orientation, qui est le cours que les bolcheviks sous Lénine ont suivi pour mener les travailleurs et les paysans au pouvoir en Russie en octobre 1917, a été notre cours stratégique depuis qu'un parti communiste s'est créé aux États-Unis deux ans plus tard et qu'il a adhéré en même temps que d'autres partis à la nouvelle Internationale communiste. Ce nouveau parti n'avait qu'un seul but : suivre l'exemple des bolcheviks. Le SWP est le descendant direct de ce parti.

Avec la montée du capitalisme industriel il y a quelque 250 ans, les conflits entre travailleurs et les employeurs ont pris de plus en plus « le caractère de conflits entre deux classes, » ont expliqué Karl Marx et Friedrich Engels dans le Manifeste communiste, le programme fondateur du mouvement ouvrier révolutionnaire. Face à l'implacable course aux profits des capitalistes, les travailleurs n'ont d'autre choix que de se rassembler « pour défendre le taux de salaire » et résister aux pressions qu'exercent les employeurs pour allonger la journée de travail et accélérer la production, avec une froide indifférence à l'égard de notre santé et de notre sécurité. Inévitablement, « les travailleurs commencent à former des coalitions (des syndicats) » contre la classe des employeurs.

Deux siècles d'expérience de lutte de classes ont confirmé que ces « coalitions » revêtent au début de nombreuses formes, qui vont d'actions de résistance sur les lieux de travail à des batailles contre les lock-out d'entreprises, à des grèves, des campagnes de syndicalisation et des efforts pour élargir le pouvoir des syndicats.

Le tournant vers l'industrie : forger un parti prolétarien est une nouvelle édition du livre paru pour la première fois en 1981 sous le titre *Le visage changeant de la politique aux États-Unis : la politique ouvrière et les syndicats*. Il faut le lire, et surtout l'utiliser, comme un guide pour construire un parti ouvrier révolutionnaire. Il comprend des documents des éditions antérieures choisis pour souligner certaines questions fondamentales au coeur du tournant vers l'industrie du Parti socialiste des travailleurs à partir des années 70. Il contient également trois nouveaux documents qui donnent un caractère plus concret à ces rapports.

« Nous ne parviendrons pas à empêcher que les principes prolétariens révolutionnaires du parti ne soient minés, à moins que le parti ne soit très largement prolétarien dans sa composition. »

Deux de ces textes sont tirés des pages du journal hebdomadaire *The Militant* : un article sur la campagne des Métallos ripostent au milieu des années 70 et une rubrique de Marvel Scholl, une membre expérimentée du parti, intitulée « La formation d'un bureaucrate syndical. » Le troisième est tiré d'un rapport datant de février 1980 de Ken Shilman, qui organisait alors le travail des membres du parti au sein du syndicat des Mineurs unis, et qui dresse le bilan des deux premières années de construction du parti et de travail syndical dans les bassins miniers de Virginie-Occidentale, de Pennsylvanie et d'Alabama.

Pendant les années 60, le SWP et son organisation de jeunesse, l'Alliance des jeunes socialistes, s'étaient développés rapidement et avaient recruté beaucoup de nouveaux membres, gagnés au mouvement ouvrier révolutionnaire alors qu'ils étaient des étudiants luttant contre le système de ségrégation de Jim Crow dans le Nord et le Sud des États-Unis, contre la guerre au Vietnam et contre l'oppression des femmes. En février 1978, le Comité national du parti a adopté le premier rapport de ce recueil, intitulé « Diriger le parti vers l'industrie », et a commencé un tournant historique.

Les membres du parti ont répondu avec enthousiasme et en accordant une attention disciplinée à chaque détail. Au milieu des années 80, la vaste majorité des membres du parti effectuaient un travail syndical et politique aux côtés d'autres travailleurs dans les usines d'automobiles, les aciéries, les cours de triage ferroviaires, les mines de charbon, les raffineries de pétrole, les manufactures d'équipement électrique, les usines de vêtements, de textile et de transformation de la viande, les aéroports et d'autres lieux de travail industriels. Les lecteurs découvriront toute l'ampleur de ces activités dans les rapports qui suivent et dans les pages de photos, beaucoup plus nombreuses et dont beaucoup sont nouvelles, qui illustrent le livre.

Depuis que le SWP a entrepris ce qui est maintenant connu comme le tournant vers l'industrie, l'ordre impérialiste a sombré dans une crise de plus en plus profonde : baisse des taux de profit ; intensification de la concurrence capitaliste mondiale ; stagnation des investissements de capital pour développer les usines, les équipements et l'emploi industriel ; poussées croissantes vers des guerres monétaires ; et conflits militaires sans fin. Les travailleurs et nos familles faisons face aux attaques contre nos conditions de vie et de travail, menaçant notre vie et notre intégrité physique, menées par la classe capitaliste, son gouvernement, ses partis démocrate et républicain et leurs ailes « socialistes ».

Les coups portés par la classe dirigeante ne frappent pas toutes les couches de travailleurs de la même manière ni avec la même force. Les inégalités se creusent non seulement entre les classes sociales, mais au sein même de la classe ouvrière.

Face à ces attaques incessantes, la classe ouvrière et le mouvement ouvrier battent en retraite depuis les années 90. La forte baisse de la syndicalisation en est un indice. Le nombre de syndiqués dans les entreprises privées a chuté, passant de plus de 20 pour cent, lors de la présentation des rapports inclus dans ce livre, à 6,5 pour cent aujourd'hui. La baisse a été vertigineuse parmi les travailleurs industriels. Le taux de syndicalisation parmi les mineurs de charbon travaillant sous terre est passé de 87 pour cent en 1977 à environ 20 pour cent en 2018 ; et parmi les travailleurs de l'automobile, de plus de 90 pour cent à la fin des années 70 à 50 pour cent aujourd'hui. Les tendances sont comparables parmi les autres travailleurs de mines et d'usines.

> « Les coups portés par la classe dirigeante ne frappent pas toutes les couches de travailleurs de la même manière ni avec la même force. Les inégalités se creusent non seulement entre les classes sociales, mais au sein même de la classe ouvrière. »

Nous, les travailleurs, syndiqués ou non, avons rarement eu autant d'occasions qu'aujourd'hui d'être audacieux, de nous organiser et de mobiliser notre solidarité mutuelle. Et cela devient de plus en plus nécessaire. Au début, notre succès se mesurera rarement par la formation de syndicats nouveaux et puissants luttant pour les intérêts de notre classe.

Il se mesurera par l'expérience et la confiance que les travailleurs gagneront en agissant ensemble.

Il se mesurera par nos meilleures connaissance et conscience politiques des patrons et de nous-mêmes.

Il se mesurera par notre fierté et notre disposition à nous soulever et à prendre parti à mesure que nous agirons ensemble comme membres d'une même classe.

Et il se mesurera par notre meilleure compréhension, comme l'expliquait Engels dès 1847, que « le communisme n'est pas une doctrine mais un mouvement ; il ne procède pas de principes mais de faits. » C'est la ligne de marche d'une classe, la classe ouvrière, vers le pouvoir politique.

Aujourd'hui, les membres du Parti socialiste des travailleurs travaillent et luttent parmi les cheminots, dont les conducteurs de trains de marchandise et les travailleurs des cours de triage, qui font face à des conventions collectives à rabais, à des équipes de travail réduites et à des conditions de travail de plus en plus dangereuses sous l'impact de la course aux profits des compagnies ferroviaires. Nous travaillons et nous luttons parmi les travailleurs des grands magasins de détail appartenant à Walmart, le plus grand employeur privé aux États-Unis avec une force de travail non syndiquée de quelque 1,5 million de personnes. Nous effectuons du travail politique avec les chauffeurs de taxis et de voitures de service, venus d'Afrique, d'Asie, d'Amérique du Nord et d'ailleurs. Ceux-ci font des journées de plus en plus longues, avec des salaires nets en chute libre, un endettement intenable et des taux de suicide croissants face à la concurrence féroce qu'alimentent parmi eux les propriétaires de flottes de taxis et l'économie des petits boulots, les capitalistes « branchés ».

Les travailleurs les plus ouverts à agir aujourd'hui contre les employeurs et à prendre en considération les alternatives politiques ouvrières sont ceux que les familles capitalistes, les membres de couches de professionnels et des classes moyennes supérieures qualifient de « déplorables », ou traitent de « criminels » ou de simples « ordures ». Ces calomnies méprisantes contredisent ce que le

Parti socialiste des travailleurs sait au sujet de la vaste majorité des membres de notre classe. Nous les considérons comme une meilleure classe de gens. Nous en sommes issus. Nous en faisons partie.

Ce sont des hommes et des femmes de toutes les couleurs de peau et de tous les âges. Eux et leurs familles proviennent de régions urbaines et rurales, de tous les continents et de toutes les origines nationales. C'est parmi ces « déplorables » que, dans la lutte contre la classe des patrons, se forgera et s'endurcira une avant-garde syndicale disciplinée et combative de la classe ouvrière et avant tout une avant-garde politique dotée d'une conscience de classe, éprouvée et indépendante des partis démocrate et républicain.

∼

Le tournant vers l'industrie : forger un parti prolétarien repose sur la continuité révolutionnaire du Parti socialiste des travailleurs, expliquée et défendue il y a quelque huit décennies dans *In Defense of Marxism* de Léon Trotsky et *La lutte pour un parti prolétarien* de James P. Cannon. Les articles et la correspondance rassemblés dans ces deux livres décrivent les efforts couronnés de succès pour maintenir un cours communiste face à une opposition au sein du parti et de son organisation de jeunesse qui avait commencé à céder devant la pression impérialiste et l'opinion publique pendant les préparatifs de Washington pour entrer dans la deuxième guerre mondiale.

« L'opposition est sous l'emprise des humeurs et des tendances de la petite-bourgeoisie. C'est l'essence de toute l'affaire, » a écrit Trotsky en décembre 1939 dans l'un des articles de *In Defense of Marxism*. « Toute lutte de fraction sérieuse dans un parti reflète toujours, en dernière analyse, la lutte de classe. » C'est pourquoi, comme Trotsky l'a expliqué dans une lettre rédigée quelques semaines plus tard, « La composition de classe du parti doit correspondre à son programme de classe. »

Trotsky est devenu au milieu de 1917 un élément central de la direction bolchevique forgée par Lénine, la direction des ouvriers et des paysans de Russie qui ont fait la révolution d'octobre 1917. Deux ans plus tard, cette même direction a lancé l'Internationale communiste. En 1929, cinq ans après la mort de Lénine, Joseph Staline a banni Trotsky d'Union soviétique en raison de la lutte qu'il dirigeait pour continuer la politique internationaliste prolétarienne de Lénine. Trotsky devait mener cette bataille en opposition politique directe aux couches petites-bourgeoises montantes dont Staline protégeait de plus en plus les privilèges et les intérêts en URSS. Des révolutionnaires prolétariens du monde entier, dont James Cannon et d'autres dirigeants de ce qui est devenu le Parti socialiste des travailleurs, se sont joints à Trotsky pour fonder un nouveau mouvement communiste mondial fidèle au cours de Lénine.

Le tournant vers l'industrie : forger un parti prolétarien s'appuie également sur le récit de première main écrit par Farrell Dobbs sur la direction de lutte de classe qui a organisé les travailleurs du Midwest et les a dirigés dans les grèves et les campagnes de syndicalisation des années 30 qui ont transformé le syndicat des Teamsters en un mouvement syndical industriel de lutte. Les quatre livres de Dobbs, *Rébellion Teamster*, *Teamster Power*, *Teamster Politics* et *Teamster Bureaucracy*, « valent la peine d'être lus, relus et revus chaque année, » ainsi que je l'explique dans un des rapports publiés ici. « Plus les camarades entrent dans l'industrie, apprennent à connaître les syndicats et commencent à fonctionner dans le cadre de fractions du parti, plus nous apprendrons de ces livres chaque fois que nous y retournerons. »

Il est également important de voir *Le tournant vers l'industrie : forger un parti prolétarien* comme le complément

de trois autres ouvrages plus récents qui développent les questions sociales et de classe au coeur de la marche de l'Amérique vers le socialisme :
- *Malcolm X, la libération des Noirs et la voie vers le pouvoir ouvrier* de Jack Barnes (2010) ;
- *Sont-ils riches parce qu'ils sont intelligents ? Classe, privilège et apprentissage sous le capitalisme* de Jack Barnes (2016) ; et
- *Tribuns du peuple et syndicats* de Karl Marx, Vladimir I. Lénine, Léon Trotsky, Farrell Dobbs et Jack Barnes (2020).

> **« Les travailleurs les plus ouverts à agir contre les employeurs sont ceux que les capitalistes et les classes moyennes professionnelles qualifient de « déplorables », de « criminels » ou de simples « ordures ». Nous les considérons comme une meilleure classe de gens. Nous en sommes issus. Nous en faisons partie. »**

Tribuns du peuple et syndicats se concentre sur le travail de propagande large et systématique du parti dans la classe ouvrière. Les membres et les sympathisants du SWP ainsi que les jeunes socialistes soutiennent les piquets de grève, frappent aux portes des maisons et appartements et discutent avec les travailleurs dans les villes, les villages et les campagnes. Ils le font aussi sur leur lieu de travail et dans leurs syndicats. Nous utilisons l'hebdomadaire *The Militant*, les livres sur la politique ouvrière et les campagnes électorales du SWP pour expliquer la vérité sur les partis capitalistes et l'exploitation, l'oppression et les guerres par le capital qu'ils défendent. *Par-dessus tout, nous décrivons dans les pages du* Militant *comment les travailleurs s'organisent pour résister* aux attaques contre nos droits et nos conditions de vie et de travail. Nous le faisons au travail et ailleurs.

Le *Militant* est un levier puissant pour développer l'organisation et l'éducation des travailleurs et des syndicalistes qui ont un esprit de lutte de classe. En tant qu'« hebdomadaire publié dans l'intérêt des travailleurs, » comme le proclame fièrement l'en-tête du journal, chaque numéro présente des reportages de première main rédigés par des travailleurs, écrits dans nos propres mots et signés de notre nom, sur la résistance aux dirigeants capitalistes dans les usines, les mines et les autres lieux de travail et quartiers ouvriers. Nous le faisons ouvertement et avec confiance, tels que nous sommes et pour ce que nous défendons, sans jamais prétendre être autre chose. Et nous encourageons nos compagnons de travail à agir ainsi.

Tribuns du peuple et syndicats contient également l'article rédigé par Léon Trotsky en 1940 : « Les syndicats à l'époque de la décadence impérialiste. » Comme l'a écrit Farrell Dobbs dans une préface de 1969, « ce court texte inachevé contient plus de matière à réflexion (et à action) que les livres de n'importe quel auteur sur la question syndicale. »

Malcolm X, la libération des Noirs et la voie vers le pouvoir ouvrier, comme le souligne ses tout premiers paragraphes, explique le lien indissoluble entre la lutte pour la libération des Noirs et la voie vers la « conquête révolutionnaire du pouvoir d'État par une avant-garde de la classe ouvrière organisée et ayant une conscience de classe politique, forte de millions de personnes. » Un gouvernement des travailleurs et des agriculteurs, poursuit le livre, constitue « l'arme la plus puissante qui soit » pour livrer la bataille qui mettra fin non seulement au racisme et à l'oppression des Noirs, mais aussi à la subjugation des femmes « et à toute forme d'exploitation et de dégradation humaine héritée de millénaires de société divisée en classes. »

L'introduction du livre explique pourquoi il est dédié aux cadres du SWP qui sont Américains africains, « qui ne se sont jamais lassés de confronter les *race-baiters*, les *red-baiters* et les bigots et démagogues de tout acabit qui ont cherché à nier que des travailleurs, des agriculteurs et des jeunes qui sont noirs — et *fiers* d'être noirs — peuvent et vont devenir communistes en suivant la même voie et à partir de la même base politique que n'importe qui d'autre [1]. »

∼

Il y a aujourd'hui un assaut concerté contre la notion que les divisions de classe sous-tendent *toutes* les formes d'exploitation et d'oppression, et que la lutte de classe et la conscience de classe, *la conscience ouvrière*, sont essentielles à toute lutte efficace de libération. Cette attaque ne vient pas directement des familles dirigeantes capitalistes elles-mêmes, qui tentent depuis toujours de cacher cette vérité dangereuse, dangereuse pour *elles*.

L'offensive vient plutôt de ce que beaucoup appellent « la gauche. » Elle vient de libéraux et de radicaux au sein de la classe moyenne et parmi les professionnels sur des campus universitaires privilégiés comme Harvard et Oberlin. On la voit dans les grands journaux, revues et chaînes

---

1. Le terme anglais *race-baiting* se réfère à la pratique démagogique qui consiste à prétendre ou laisser entendre que, pour la seule raison qu'un individu « n'est pas noir, » on ne peut lui faire confiance politiquement ni même considérer ses idées avec objectivité. Le *red-baiting* consiste à affirmer ou insinuer que parce qu'une personne est communiste ou qu'elle se prétend telle, on ne peut lui faire confiance ni même considérer ses opinions politiques en toute objectivité. NOTE DE LA TRADUCTION

de télévision comme le *New York Times*, la revue *Atlantic Monthly*, CNN, BBC et *The New Yorker*. On l'encourage sur des sites internet et des « réseaux sociaux » qui prolifèrent trop vite pour en suivre la trace. Ces voix, qui incluent des individus et des groupes politiques prétendant parler au nom des travailleurs et des opprimés, insistent pour dire que la force motrice de l'histoire, ce ne sont pas les conflits entre les classes mais plutôt ceux qui sont basés sur la race, la couleur de la peau ou ce qu'ils appellent le « genre ».

> **« Il y a aujourd'hui un assaut concerté contre la notion que les divisions de classe sous-tendent toutes les formes d'oppression et que la lutte de classe et la conscience ouvrière sont essentielles à toute lutte efficace de libération. »**

Mais l'observation que « l'histoire de toute société jusqu'à nos jours est l'histoire des luttes des classe » reste aussi vraie aujourd'hui qu'il y a près de 175 ans, lorsque Karl Marx et Friedrich Engels l'ont soulignée au tout début du *Manifeste communiste*, le programme fondateur du mouvement ouvrier révolutionnaire moderne.

Ce n'est pas d'hier qu'on nie la lutte des classes. Il y a plus qu'assez d'ancêtres des « théories » actuelles au sujet de la « politique identitaire » et de « l'intersectionnalité », bruyamment propagées aujourd'hui par de jeunes professionnels et d'autres membres de la classe moyenne supérieure. En 1940, à la veille de la seconde guerre mondiale, James P. Cannon a polémiqué contre les courants petits-bourgeois qui « critiquent notre attitude obstinée devant les concepts fondamentaux du marxisme : la théorie de classe de l'État, le critère de classe dans l'évaluation de toutes les questions politiques, la conception de la politique, dont la guerre, comme l'expression d'intérêts de classe, etc. »

« De tout cela, a dit Cannon, ils concluent que nous sommes « conservateurs » par nature et appliquent cette épithète à tout ce que nous avons fait par le passé. »

De nos jours, l'épithète lancée contre la classe ouvrière par ces « guerriers de la justice sociale » autoproclamés n'est plus simplement « conservateur », mais une variante quelconque d'« homophobe » ou de « raciste ». Beaucoup d'entre eux recourent à la calomnie et à la violence pour intimider soit ceux avec qui ils entrent en conflit autour de désaccords politiques ou de questions de relations entre les sexes, soit de petits commerçants qui veulent se protéger contre le vol à l'étalage ou d'autres déprédations. Ces inquisiteurs moralisants s'organisent pour diffamer, assourdir de leurs cris ou réduire au silence les opposants qu'ils visent, au mépris des procédures légales établies et des protections constitutionnelles conquises dans des batailles de classe par les travailleurs, les Américains africains, les femmes et d'autres.

Mais leurs vraies cibles, ce sont les dizaines de millions de travailleurs à travers les États-Unis que ces méprisants (et parfois nouvellement riches) détenteurs de privilèges de classe cherchent à expulser de l'espèce humaine en les qualifiant d'ignorants, d'arriérés, de racistes et de réactionnaires. Mais ces « déplorables » ne sont que les générations actuelles de travailleurs que les patrons, et de nombreux officiers syndicaux, qualifiaient d'« ordures » lors des grandes batailles ouvrières qui avaient explosé à leur grand étonnement dans les années 30.

Ce que j'ai écrit dans *Sont-ils riches parce qu'ils sont intelligents ?* au sujet de la « méritocratie éclairée » autoproclamée d'aujourd'hui s'est vu confirmé à maintes reprises. Cette couche « généreusement rémunérée » est formée de présidents, doyens et professeurs d'université ; de hauts et puissants fonctionnaires d'organisations à but « non lucratif » ou non gouvernementales ; de professionnels des médias et de la haute technologie ; de personnalités du monde du spectacle et du sport ; et de bien d'autres encore. Elle est « déterminée à duper le monde pour lui faire accepter le mythe que l'avancement économique et social de ses membres est une juste récompense pour leur intelligence, leur éducation et les « services » qu'ils rendent. » Ils croient vraiment posséder « le droit de prendre des décisions, d'administrer et de « réglementer » la société pour la bourgeoisie — au nom de ce qu'ils prétendent être les intérêts du « peuple ». »

Mais surtout, « ils sont mortifiés à l'idée d'être identifiés avec les travailleurs des États-Unis, que ces derniers soient caucasiens, noirs ou latinos, nés dans le pays ou à l'étranger. Leur attitude envers ceux qui produisent la richesse de la société, la base de toute culture, va de la condescendance mielleuse au mépris ouvert occasionnel et spontané lorsqu'ils nous sermonnent sur nos manières et nos moeurs. »

Quelques années plus tard, la seule mise à jour qu'il faudrait faire concerne le caractère « occasionnel » et « spontané » de leur mépris ouvert. Aujourd'hui, leur mépris est à la fois fréquent et intentionnel.

∽

Les travailleurs ne peuvent rien gagner et ont tout à perdre à faire confiance aux familles possédantes, à leur système capitaliste à deux partis, à leurs porteurs d'eau « socialistes » parmi les professionnels et au sein de la classe moyenne supérieure, ainsi qu'à leur gouvernement et leur État. Aux plans politique et organisationnel, nous devons nous organiser de manière indépendante des classes possédantes qui tirent leur énorme richesse et leur pouvoir de l'exploitation du travail social des travailleurs, des agriculteurs et des autres producteurs, et qui cherchent avant tout à nous cacher cette réalité afin de retarder le développement de notre *conscience de classe*.

> **« Une révolution socialiste est inconcevable sans organiser notre classe pour qu'elle lutte pour construire des syndicats et utiliser leur pouvoir. Sans participer à cette lutte, il est impossible de forger un parti prolétarien visant à remplacer la classe qui exerce le pouvoir d'État. »**

Aujourd'hui, les travailleurs ont besoin du programme et de la ligne d'action présentés dans *Le tournant vers l'industrie : forger un parti prolétarien*. Cela est vrai peu importe qu'ils se battent pour des salaires impayés dans une mine du Kentucky, qu'ils s'organisent pour résister aux conditions de travail dangereuses dans un énorme conglomérat de vente au détail ou dans un train de marchandises de 200 wagons, qu'ils défendent le droit des femmes de choisir l'avortement, qu'ils exigent l'amnistie pour les immigrés sans papiers, qu'ils se mobilisent contre la brutalité policière ou qu'ils construisent la solidarité avec les luttes des travailleurs n'importe où dans le monde.

Les travailleurs ayant une conscience de classe se joignent ouvertement et résolument à chaque lutte, à chaque « combinaison » possible pour résister aux attaques des patrons, que nous ayons déjà construit un syndicat dans notre lieu de travail ou non.

Nous participons à la tâche urgente de reconstruire et de renforcer le mouvement syndical, en appuyant et en participant aux efforts pour organiser les non-syndiqués partout où les travailleurs se battent, peu importe le statut officiel de leurs « papiers ».

Nous aidons à développer la conscience de *classe*, qui nous *unit* au lieu de nous diviser, et nous en expliquons la nécessité. Nous le faisons à mesure que nous commençons à nous transformer et à transformer les syndicats en instruments de lutte contre le pouvoir capitaliste et contre l'exploitation même.

Nous ne savons pas quel pourcentage de notre classe se syndiquera, ni combien de syndicats se transformeront. « Nous ne sommes pas des prophètes, mais des révolutionnaires qui cherchent à orienter les développements vers une plus grande unité de la classe ouvrière en lutte, » note le rapport publié dans ce livre qui tire les leçons apprises par le SWP dans la première année de notre tournant vers l'industrie.

Au cours des deux grandes révolutions socialistes du vingtième siècle, en Russie en 1917 puis quelque quatre décennies plus tard à Cuba, l'importance vitale des syndicats et de la lutte pour les transformer est apparue en grande partie après, pas avant, la lutte pour le pouvoir des travailleurs. Mais les travailleurs qui ont un esprit révolutionnaire ne peuvent pas miser sur une répétition de ce scénario dans le monde d'aujourd'hui : le niveau d'industrialisation ainsi que la taille et le poids de la classe ouvrière sont beaucoup plus élevés, non seulement dans les pays impérialistes mais aussi dans de nombreux autres pays.

Mais ce que nous savons avec certitude, c'est qu'une révolution socialiste aux États-Unis est inconcevable *sans organiser notre classe pour qu'elle lutte pour construire des syndicats* et *utiliser leur pouvoir* afin de faire avancer les intérêts des travailleurs ici et dans le monde entier. Et nous savons aussi que, sans participer à cette lutte, il est impossible de forger un parti prolétarien, un instrument *politique* révolutionnaire de la classe ouvrière qui cherche avant tout à remplacer la classe qui exerce le pouvoir d'État.

> « Malcolm X, Ernesto Che Guevara et Fidel Castro, Maurice Bishop, Thomas Sankara nous ont toujours rappelé que le plus important, c'est de découvrir notre propre valeur et non d'insister sur notre oppression ; que nous pouvons nous transformer en même temps que nous transformons les fondements de la société. »

Le plus grand obstacle à la conscience de classe, c'est ce que toutes les institutions de la société capitaliste apprennent aux travailleurs à penser de nous-mêmes ; ce qu'on nous inculque à propos de notre propre valeur en tant qu'êtres humains ; ce qu'on nous dit que nous *ne* sommes *pas* capables de faire et que nous ne pourrons jamais faire ; ce que nous prêchent jour après jour les patrons, leurs « experts » et les « régisseurs » de la classe moyenne, et que les bureaucrates syndicaux répètent en grande partie.

Mais la lutte de classe a une autre histoire à raconter. Malcolm X, Ernesto Che Guevara et Fidel Castro, Maurice Bishop, Thomas Sankara et d'autres dirigeants révolutionnaires remarquables ne se sont jamais lassés de rappeler aux travailleurs pourquoi il est plus important de découvrir *notre propre valeur* que de revenir sans arrêt sur notre oppression et notre exploitation. Ils ne se sont jamais lassés d'expliquer ce que nous *sommes* capables de devenir, de nous montrer en action comment nous *sommes* capables de nous transformer et de transformer les fondements de la société elle-même, *en nous organisant ensemble et en luttant.*

C'est dans de telles luttes de classe, y compris toutes les luttes sociales et politiques menées dans l'intérêt des travailleurs, que nous acquérons l'expérience et la confiance en nous-même et les uns dans les autres. C'est ainsi que se forgent des liens de solidarité et de loyauté de classe. Le programme du SWP, adopté en 1938 et qui guide toujours notre cours aujourd'hui, dit la vérité autant qu'il est possible de le faire :

« Toutes les méthodes sont bonnes qui élèvent la conscience de classe des travailleurs, leur confiance dans leurs propres forces, leur disposition à se sacrifier dans la lutte. Inadmissibles sont celles qui inspirent aux opprimés la peur et la soumission devant leurs oppresseurs, qui brisent leur esprit de protestation et d'indignation ou qui substituent la volonté des dirigeants à celle des masses, la contrainte à la conviction, la démagogie et les coups montés à l'analyse de la réalité. »

Il n'y a rien à ajouter aujourd'hui aux dernières phrases de ce programme. Le Parti socialiste des travailleurs « livre une bataille sans compromis à tous les groupements politiques accrochés aux jupes de la bourgeoisie. Sa tâche, l'abolition de la domination du capitalisme. Son but, le socialisme. Sa méthode, la révolution prolétarienne. »

27 septembre 2019

« Lorsque nous, les travailleurs, commencerons à nous organiser, notre succès ne se mesurera pas souvent par le nombre de nouveaux syndicats et par leur puissance. Il se mesurera plutôt par l'expérience et la confiance que nous aurons acquises ; par notre conscience et par notre disposition à nous soulever comme membres d'une même classe. »

« Les travailleurs, syndiqués ou non,
avons rarement eu autant d'occasions
qu'aujourd'hui d'être audacieux,

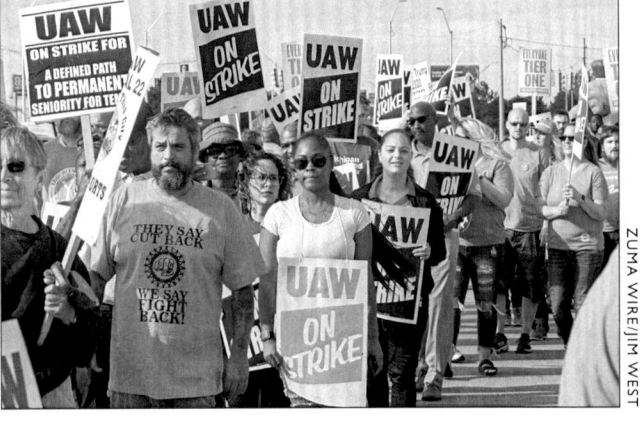

En haut : Comté de Harlan, Kentucky, juillet 2019. Les mineurs bloquent les voies ferrées pour empêcher Blackjewel Coal Co. de sortir le charbon de la mine. Ils exigent que les patrons remboursent d'abord ce qu'ils leur doivent. Après avoir déclaré faillite au début du mois, l'entreprise avait saisi les salaires déjà versés dans les comptes bancaires des mineurs. La lutte déterminée de ces mineurs, qui ne sont pas syndiqués, a reçu beaucoup d'appuis.

En bas : Détroit, septembre 2019. Ligne de piquetage à l'usine de General Motors. Près de 49 000 membres des TUA en grève dans 55 usines et entrepôts dans tout le pays revendiquaient le statut de permanents pour les travailleurs temporaires et la fin de l'échelle salariale à deux niveaux, source de grandes divisions.

de nous organiser et de mobiliser notre solidarité mutuelle. Et cela devient de plus en plus nécessaire. »

En haut : Colombie-Britannique, novembre 2019. Piquet de grève de cheminots du Canadien National et de leurs familles. Ils revendiquaient une réduction des heures de travail et des conditions de travail plus sécuritaires. La pancarte dit : « La sécurité ferroviaire, c'est la sécurité publique. »

En bas : Lac-Mégantic, Québec, octobre 2015. Des cheminots, des habitants de la ville et d'autres partisans manifestent en faveur de la sécurité ferroviaire, deux ans après que des wagons-citernes hors contrôle ont déraillé, tuant 47 personnes et incinérant le centre-ville. Pour ces manifestants, les responsables de la catastrophe étaient, non pas le conducteur de la locomotive, mais bien les patrons des chemins de fer et le gouvernement.

« Dans les luttes contre l'oppression des Noirs, la subjugation des femmes et toute forme d'exploitation et

En haut : Pittsburgh, mars 2019. Des élèves du secondaire et des étudiants universitaires sortent des établissements scolaires pour protester contre l'acquittement du policier qui a tué l'adolescent noir Antwon Rose. En participant à ces actions, les travailleurs socialistes expliquent que les problèmes auxquels font face les opprimés et les exploités proviennent du système capitaliste.

En bas : Bridgeton, New Jersey, mars 2019. Les travailleurs revendiquent des permis de conduire pour les immigrés sans-papiers. Lea Sherman, candidate du Parti socialiste des travailleurs à l'assemblée de l'État du New Jersey, a pris la parole devant les manifestants et a appelé le mouvement ouvrier à lutter pour l'amnistie pour tous les immigrés.

de dégradation humaine, l'arme la plus puissante possible est un gouvernement des travailleurs et des agriculteurs. »

ITHIELL YISRAEL/COALITION POUR LA RESTAURATION DES DROITS EN FLORIDE

En haut : En mai 2019, des centaines d'actions pour le droit des femmes de choisir l'avortement, comme celle-ci à Saint-Paul au Minnesota, ont eu lieu contre les assemblées législatives de plusieurs États limitant énormément l'accès à l'avortement, comme en Alabama où la loi criminalisait presque tous les avortements.

En bas : Jacksonville, Floride, octobre 2018. Les manifestants exigent le droit de vote pour les anciens prisonniers. Quelques semaines plus tard, une vaste majorité des électeurs de cet État ont voté en faveur d'une loi pour restituer le droit de vote à plus d'un million de travailleurs.

« **Les travailleurs doivent s'organiser indépendamment de la classe capitaliste,** de ses deux partis et de son gouvernement. Nous devons rompre politiquement avec la classe dont la richesse et le pouvoir proviennent de l'exploitation de notre travail et qui s'efforce de dissimuler cette réalité pour freiner le développement de la conscience de classe. »

Diriger le parti vers l'industrie

En 1978, le Comité national du Parti socialiste des travailleurs a décidé de diriger le parti afin qu'il effectue ce qu'on a fini par appeler le « tournant vers l'industrie. » Le 24 février 1978, cette instance de direction du SWP a adopté le rapport suivant, qui a initié le tournant. Ce rapport a paru ensuite dans le bulletin de discussion interne du parti pour être débattu et voté par tous les membres, dans chaque branche du parti. Les délégués au congrès national du SWP l'ont adopté en août 1979.

Cette réunion du Comité national a un objectif primordial. Le Parti socialiste des travailleurs doit tout subordonner pour faire entrer la grande majorité de nos membres dans l'industrie et dans les syndicats industriels. Nous devons le faire de sorte que la majorité des membres des comités exécutifs de branche, des comités exécutifs de section locale et du Comité national, l'instance la plus élevée du parti entre les congrès, soient bientôt des membres actifs de syndicats industriels.

Cet effort du parti doit être universel. Il doit se mener dans *chaque* branche et section locale [1]. Il n'y a pas de villes exceptionnelles dans ce pays où nous avons des branches mais où il n'y a pas de travailleurs industriels produisant de la plus-value.

Le tournant est également universel en ce sens qu'il concerne *chaque* membre du parti, employé ou sans-emploi, nouveau ou expérimenté. Tous les camarades sans exception devraient maintenant s'asseoir avec la direction de leur branche et reconsidérer leur travail, leurs tâches, la ville où ils habitent, leurs diverses contributions et décider comment ils participeront à la mise en œuvre du tournant.

Il ne s'agit pas d'un autre « secteur de travail. » Il ne s'agit pas d'une « campagne » du parti. Il ne s'agit pas de l'une « des tâches importantes » du parti ou « d'un de nos principaux axes de travail. » Cela ne s'oppose pas à d'autres choses que nous faisons. C'est le fondement de l'activité politique du parti dans le futur immédiat, sans aucune condition et *dès maintenant.*

C'est avec les *travailleurs dans l'industrie* que nous voulons mener toutes nos campagnes. C'est là où nous voulons apporter le *Militant* et les campagnes électorales du Parti socialiste des travailleurs. Ce sont ceux à qui nous voulons présenter toutes nos activités. Ce sont ceux que nous voulons influencer et recruter au parti. *Nous luttons pour mobiliser cette force, au nom de la résistance des exploités et des opprimés, partout dans le monde.*

C'est de là que viendront la majorité des futurs dirigeants de batailles victorieuses pour la libération des femmes et

---

1. Voir le glossaire : Parti socialiste des travailleurs : branches, sections locales, districts.

de luttes de la population américaine africaine, comme des autres nationalités opprimées. C'est là surtout où nous développerons, formerons et mettrons nos cadres à l'épreuve.

Ce sont les travailleurs de l'industrie qui sont notre milieu social et notre auditoire central. Leurs syndicats, potentiellement puissants, sont notre base.

Ce que nous proposons est une initiative *politique*, pas une mesure hygiénique ou thérapeutique pour le parti. Nous ne le faisons pas pour purifier le parti d'éléments petits-bourgeois. Mais on ne peut se contenter de cette affirmation. Car changer la composition de classe du parti est un vrai défi. Nous ne deviendrons pas automatiquement un parti dont l'écrasante majorité des membres sont des travailleurs industriels. C'est un processus qu'il faut organiser et qu'il faut *diriger* consciemment.

Les grands changements auxquels la classe capitaliste est confrontée à l'échelle mondiale rendent cette mesure politique non seulement nécessaire mais opportune. Elle découle du fait que la classe dirigeante américaine devra poursuivre son offensive et viser de plus en plus les travailleurs industriels et leurs syndicats. Par-dessus tout, notre jugement découle des changements d'attitude de la classe ouvrière *en réponse* à cette offensive.

Nous sommes dans une période préparatoire, pas dans une période où nous dirigeons des actions lutte de classe de masse. Nous ne devons pas errer à ce sujet. Mais il s'agit d'une période préparatoire au cours de laquelle *le centre de la politique américaine s'est déplacé vers la classe ouvrière industrielle*. Voilà le jugement politique central que nous soumettons au Comité national.

Si nous ne changions pas la composition du parti de manière significative et rapide, nous nous placerions, *maintenant inutilement*, à l'extérieur de l'arène où se produisent les changements et les développements décisifs dans la lutte des classes. Nous ne pourrions prendre le pouls de la classe ouvrière, nous ne sentirions pas le rythme véritable de ses développements et de ses changements. Nous nous éloignerions du centre de la politique américaine.

En adoptant cette mesure rapidement, nous surmonterons la désorientation dans les priorités et les perspectives, qui se produit quand le parti ne *vit* pas au centre des plus importants développements politiques à survenir. Quand de nouveaux camarades adhèreront au SWP ou lorsque des membres de l'alliance des jeunes socialistes qui sont des étudiants deviendront membres du parti, ils consulteront automatiquement la direction du parti pour les aider à décider dans quelle ville ils devraient déménager et dans quelle industrie ils devraient travailler.

La seule façon d'accomplir ce tournant, c'est en agissant consciemment et en le faisant *maintenant*. La tâche centrale de la direction du parti à tous les niveaux, depuis les comités exécutifs de branche jusqu'au Comité politique, est de guider la mise en oeuvre politique de cette décision [2].

Accélérer la prolétarisation du parti en changeant les emplois de la majorité des membres du SWP, c'est bien sûr une question *tactique*. C'est différent de l'orientation prolétarienne historique du Parti socialiste des travailleurs. Cette orientation est née en 1903 quand le courant bolchevique dirigé par Lénine a émergé à l'intérieur du Parti ouvrier social-démocrate russe. Aux États-Unis, elle a commencé quand le Parti communiste est né en 1919, comme la section dans ce pays de l'Internationale communiste récemment formée. Elle a toujours été le cours qu'a suivi le Parti socialiste des travailleurs.

Cependant, adopter cette tactique d'envoyer la majorité des camarades dans l'industrie et le faire aujourd'hui

---

2. Voir le glossaire : Parti socialiste des travailleurs, Comité national du.

est une décision historique à bien des égards : elle affecte tout ce que nous faisons.

Si nous échouons, le parti régressera, il perdra du terrain et ratera des occasions. Nous deviendrons désorientés et commencerons à faire des erreurs politiques évitables. Nous ne serons plus en mesure de prendre nos responsabilités en donnant l'exemple à l'ensemble de notre mouvement mondial [3].

Pour les travailleurs-bolcheviks, le travail syndical, correctement compris, vise à trouver des moyens de développer une direction de masse, une avant-garde de la classe ouvrière, qui pense socialement et agit politiquement. Il vise à procurer une direction avec une conscience de classe aux luttes des opprimés. Il s'agit de forger une aile gauche de lutte de classe dans le mouvement ouvrier et de faire avancer la lutte pour l'action politique indépendante de la classe ouvrière : une claire rupture de classe avec les partis démocrate, républicain et les autres partis bourgeois et petit-bourgeois. Mené de cette manière, le travail syndical, qui consiste à organiser des travailleurs, devient désormais la responsabilité politique centrale de chaque comité de direction.

Nous entrons dans une nouvelle étape de l'histoire du parti, une nouvelle étape dans le développement de sa direction. C'est un test, mais c'est surtout une occasion historique. Les membres du parti s'attendent à ce que la direction prenne la tête de ce tournant prolétarien. Nous avons toutes les raisons de penser qu'ils répondront.

Nous ne cherchons pas à obtenir des gains conjoncturels immédiats. Nous ne le faisons pas parce les mineurs

---

3. On peut lire en page 173 « Le tournant et la construction d'un mouvement communiste international, » le rapport de Jack Barnes discuté et adopté au congrès mondial de la Quatrième Internationale de 1979.

font la grève depuis décembre et tiennent encore bons, ou parce que nous sommes emballés par des contacts que nous avons faits quelque part [4].

Nous faisons ce tournant parce que c'est aujourd'hui le seul moyen concret de mettre en œuvre et de poursuivre l'orientation prolétarienne de base du parti depuis sa fondation en 1919. C'est la seule façon d'approfondir le travail que nous avons commencé en 1975 lorsque nous avons vu de nouvelles ouvertures politiques dans la classe ouvrière et les syndicats. C'est la seule tactique disponible aujourd'hui pour faire avancer notre stratégie communiste au lieu de l'affaiblir.

Six questions fondamentales
Ce rapport a pour objectif de présenter notre orientation fondamentale et les conclusions de direction à en tirer si nous adoptons cette proposition du Comité politique. La meilleure façon d'y parvenir consiste à poser une série de questions fondamentales.

Premièrement. Pourquoi maintenant ? J'ai déjà dit en quoi reporter une telle décision minerait l'orientation prolétarienne historique du parti. Mais pourquoi n'avons-nous pas pris cette décision plus tôt ?

Deuxièmement. Pourquoi l'industrie, pourquoi prêter une attention particulière à l'industrie de base ? Pourquoi nous concentrer sur les syndicats industriels plutôt que sur la Fédération américaine des employés d'État, de comté et de municipalité (AFSCME), le Syndicat international des employées et employés professionnels-les et de bureaux (SIEPB), la Fédération américaine des enseignants (AFT), l'Association nationale de l'éducation (NEA) ou d'autres syndicats ?

---

4. Voir le glossaire : Grève du charbon (1977-1978).

Troisièmement. Quelle est la nature concrète de l'offensive de la classe dirigeante contre les travailleurs de l'industrie ? Quelle ligne politique répond le mieux à cette offensive ? Et comment cela affecte-t-il les mouvements et les besoins des alliés du mouvement ouvrier ?

Quatrièmement. Qu'est-ce que le travail syndical communiste dans l'industrie ? Que perd le parti si une majorité écrasante de ses membres n'y est pas ?

Cinquièmement. Qu'est-ce qu'un travailleur-bolchevik ? Le fait de devenir un parti de travailleurs-bolcheviks aura quelles conséquences structurelles et organisationnelles ?

Sixièmement. Quelle doit être la nature de la direction de ce type de parti ? Quel nouvel éclairage les progrès que nous avons réalisés au cours de la dernière année jettent-ils sur ce que James P. Cannon appelait la question des questions : le développement conscient de la direction du parti révolutionnaire ?

Pourquoi maintenant ?

Pourquoi maintenant ? Pourquoi pas plus tôt ?

Il est relativement facile de répondre à une partie de cette question. Nous n'avons pas entrepris cette mesure avant la récession de 1974-1975, un moment marquant pour le capitalisme, non seulement aux États-Unis, mais dans le monde entier. Cette récession était la première à secouer les principaux pays capitalistes simultanément depuis la fin de la seconde guerre mondiale.

Effectuer le tournant que nous décidons de faire maintenant avant un tel changement dans le monde capitaliste d'après-guerre aurait été un pari risqué. Ça aurait pu facilement se transformer en gadget. Cela aurait désorienté le parti et n'aurait pas été lié aux développements réels dans le capitalisme mondial de même que dans la classe ouvrière et dans la vie politique aux États-Unis.

Avant 1974, une grande partie de l'activité politique dans ce pays s'effectuait en contournant les syndicats industriels et les travailleurs de l'industrie plutôt qu'en passant par eux. Mais après le gel des prix et des salaires de Nixon en 1971 et à mesure que nous nous rapprochions de la récession mondiale de 1974-1975, ce qui avait marqué toute la période antérieure a commencé à changer [5].

Le parti n'adopte pas une orientation à partir d'estimations économiques conjoncturelles. Nous ne prévoyons aucune apocalypse. Mais nous savons que, déjà au milieu des années 70, le capitalisme mondial était entré en période de crise, une crise dont nous ne sortirons pas sans batailles gigantesques pour le pouvoir. Nous en sommes convaincus.

De plus, cette crise économique et sociale impérialiste s'est accompagnée de développements importants dans la politique mondiale. En 1974, la chute de la dictature fasciste surannée au Portugal a déclenché de grandes luttes des travailleurs et des producteurs agricoles de ce pays. Elle a stimulé les luttes de libération nationale dans les colonies africaines du Portugal et a conduit à l'indépendance du Mozambique, du Cap-Vert, de la Guinée-Bissau et de l'Angola. La même année, la monarchie éthiopienne a été renversée, ce qui a ouvert la voie à de profondes luttes pour une réforme agraire et d'autres mesures antiféodales dans ce grand pays d'Afrique de l'Est.

En 1975, les combattants pour la libération du Vietnam sont entrés dans Saigon, aujourd'hui Hô Chi Minh-Ville, tandis que les dernières forces américaines s'enfuyaient par un important pont aérien héliporté. Ces événements ont marqué le point culminant d'une bataille de plusieurs

---

5. Voir le glossaire : Récession (1974-1975) ; Gel des salaires et des prix (1971).

décennies pour la liberté et la réunification du pays, d'abord contre l'impérialisme français, puis contre l'impérialisme américain. « Vietnam : victoire pour tous les opprimés, » telle était la manchette du journal *The Militant* cette semaine-là.

Plus tard dans l'année, des combattants volontaires cubains qui répondaient à un appel à la solidarité internationale du nouveau gouvernement indépendant en Angola, ont lancé une campagne militaire pour repousser les troupes d'invasion du régime suprémaciste blanc d'Afrique du Sud. Au début de 1976, les dernières troupes sud-africaines avaient été repoussées. Ce revers du régime raciste a inspiré le soulèvement massif de jeunes et de travailleurs à Soweto la même année ainsi que le développement d'une campagne mondiale pour faire tomber l'apartheid.

C'est la première partie de la réponse à la question : pourquoi pas plus tôt ?

Mais il y a une autre partie.

Pourquoi pas 1974-1975 au lieu de 1978 ?

Premièrement, nous avons dû comprendre le caractère non seulement de la récession mondiale, mais aussi de la reprise conjoncturelle qui la suivrait inévitablement.

Dans les premières années de la prétendue reprise aux États-Unis, on a vu un plus grand nombre d'emplois, mais aussi des niveaux élevés d'inflation et de chômage, ainsi qu'une escalade de l'offensive de la classe dirigeante contre les travailleurs, sur tous les fronts. Nous avons dû mieux saisir les effets de cette offensive sur la classe ouvrière et sur les syndicats et mieux discerner ses conséquences concrètes pour les secteurs les plus opprimés de la classe ouvrière : les Américains africains, les jeunes, les femmes.

Deuxièmement, il nous a fallu traverser quelques expériences dans le mouvement syndical américain. Nous avons dû traverser l'expérience de la montée du mouvement des Métallos ripostent et voir les réelles opportunités politiques et organisationnelles ainsi que les limites de cette étape des changements parmi les travailleurs industriels [6].

Nous avons répondu en construisant activement la solidarité avec la grève dans la région de l'Iron Range au Minnesota, où nous avons vu se confirmer chacune de nos évaluations sur la signification des Métallos ripostent. Nous avons participé à la résistance des cheminots à l'offensive des transporteurs, y compris des expériences locales dans les chemins de fer à Chicago, à Philadelphie et ailleurs. Nous avons vécu diverses expériences locales dans la région de la baie de San Francisco, à Houston, à Pittsburgh et dans d'autres endroits où nous avons pu sonder, tester et sentir les changements et les possibilités.

Et maintenant, nous sommes côte à côte avec les mineurs dans l'affrontement entre les UMWA et les patrons du charbon et leur gouvernement [7]. Nous participons à la lutte que les mineurs mènent depuis la fin des années 60. Cette lutte a fait reculer le fléau de l'anthracose, la maladie du poumon noir ; elle a permis d'obtenir des centres médicaux communautaires dans les villes minières des Appalaches ; elle a obtenu la mise sur pied de comités syndicaux sur la sécurité avec le pouvoir d'arrêter la production lorsqu'apparaissent des problèmes reliés aux questions de santé et de sécurité ; et, grâce aux mouvement Mineurs pour la démocratie dans les UMWA, elle a aussi permis

---

6. Voir l'article suivant de ce livre : « Les travailleurs de l'acier luttent pour reconquérir leur syndicat. »

7. Voir le glossaire : Grève de l'Iron Range (1977) ; Milwaukee, Chemin de fer de (Milwaukee Road), et l'offensive des transporteurs de fret ; Comité pour le droit de vote (UTU) ; Grève du charbon (1977-1978).

à ses membres de voter sur leurs contrats et d'utiliser le pouvoir syndical pour mieux défendre les rangs [8].

Il nous a fallu traverser ces expériences pour découvrir concrètement ce qui changeait et l'ampleur des changements.

Nous avons dû découvrir par l'expérience ce que signifie une augmentation du nombre de travailleurs de l'industrie et des syndicats qui sont des Noirs, des Chicanos, des Portoricains, des femmes, des vétérans du Vietnam et des jeunes. Nous avons dû observer dans la vraie vie comment les attitudes, les réactions et la combativité, dont nous avions parlé et que nous avions anticipées, ont commencé à se manifester.

Nous avons pu constater l'importance des changements de génération dans la composition de la classe ouvrière lorsque nous avons vu des centaines de milliers de jeunes travailleurs venir de l'avant et s'impliquer dans toutes sortes de luttes. La majorité de ces travailleurs étaient jeunes, caucasiens et de sexe masculin. Nous en avons vu beaucoup s'ouvrir d'une manière nouvelle à ce que disent les membres du Parti socialiste des travailleurs à propos de la crise capitaliste et de différentes sections de notre programme prolétarien.

Nous les avons vus commencer à exprimer les changements d'attitude qui, nous le savions, allaient aussi venir. Nous avons mieux compris comment l'offensive des dirigeants capitalistes a un effet qui varie en fonction de la génération, de la nationalité, du sexe ou de la qualification. Nous avons pu confirmer que nous n'assisterons pas au développement d'une sorte d'avant-garde « non blanche » ou « non mâle. »

Nous avons commencé à voir le rapport entre les problèmes quotidiens de « pain et de beurre » et les grandes

---

8. Voir le glossaire : Mineurs pour la démocratie (MFD).

questions politiques et sociales auxquelles le mouvement ouvrier doit faire face. Nous avons commencé à voir une réponse, inégale mais générale, aux questions que nous soulevons et aux campagnes politiques et sociales que nous menons dans le mouvement ouvrier. Et nous avons vu les liens entre cette nouvelle réponse et le regain de combativité de classe.

Ce sont donc les deux premières réponses à la question « Pourquoi maintenant ? » La première est la réalité de la récession mondiale de 1974-1975, de la reprise qui a suivi et des développements dans la politique mondiale. Et ensuite les changements dans la classe ouvrière industrielle aux États-Unis, y compris les changements dans les comportements et la conscience.

Mais il y a un troisième facteur dont nous avons dû faire l'expérience avant de prendre la décision que nous prenons aujourd'hui. Et ce troisième élément est peut-être le plus important. Avant de franchir ce pas, le parti devait faire ses *propres* expériences et connaître ses propres succès dans le mouvement syndical. Nous devions nous faire la main dans l'industrie. Les branches et les sections locales, les fractions syndicales, devaient accumuler de l'expérience dans l'industrie. Et c'est ce que nous faisons depuis le milieu des années 70.

Pour la première fois en près de 30 ans, nous avons eu des fractions syndicales industrielles nationales qui fonctionnent et qui grandissent. Nous avons dû apprendre à diriger ce travail à tous les niveaux. Nous avons dû apprendre à jauger les opportunités ainsi que les frustrations et les difficultés en participant à des activités comme celles des Métallos ripostent et dans la période qui a suivi ce mouvement. Nous avons dû apprendre à utiliser le *Militant*, nos livres, nos campagnes politiques, nos forums hebdomadaires et les autres institutions du parti.

En d'autres termes, notre direction a dû atteindre un tout nouveau degré de compréhension, d'expérience et de compétences politiques. Il nous a fallu commencer en ayant des dirigeants de tous les niveaux du parti dans l'industrie pour diriger nous-même ce travail. Nous avons dû voir de nos propres yeux, dans une branche après l'autre, l'impact de ce processus sur les premiers camarades à aller dans l'industrie. On a vu grandir leur moral. Cela leur a donné une perspective politique, une nouvelle approche. Ce n'est que par la suite, que nous avons pu en tirer des leçons générales, de façon responsable.

C'est pourquoi maintenant et pas plus tôt.

Pourquoi se concentrer sur l'industrie ?
Pourquoi se concentrer sur l'industrie ? Il peut s'agir là d'une question embarrassante ou même inutile pour des marxistes, puisqu'il s'agit d'une pierre angulaire du marxisme, du communisme. Mais il vaut la peine d'en revoir les fondements économiques et politiques.

Les aspects économiques sont simples. Les matières premières comme le charbon, les minerais, le pétrole et les produits comme les machines-outils, l'acier et les principaux composants électriques ont une énorme importance pour toute l'économie. Ils doivent entrer dans la production dès les premières étapes pour que tous les secteurs de l'économie puissent fonctionner. Les travailleurs des industries qui produisent les matières premières et les produits semi-finis ou qui sont engagés dans le transport de fret, le bâtiment et l'agriculture, ont beaucoup de poids parce que sans eux la production et le commerce capitalistes s'arrêtent.

Pour la classe des employeurs, les biens d'équipement, dont l'équipement électrique, le matériel roulant et l'industrie lourde de toute sorte, ne sont que différentes étapes de l'achat et de l'utilisation de la force de travail pour produire l'énorme richesse créée par les travailleurs américains. À chaque étape, plus vous vous éloignez du produit « fini », plus il y a de force et de poids, d'un simple point de vue économique.

Il y a aussi un autre aspect économique. Le travail effectué par les travailleurs de ces industries, leur travail social, le travail productif comme Marx l'a décrit, est la principale source de plus-value. C'est la source principale de tous les revenus que la classe dirigeante utilise non seulement pour maintenir et développer la production capitaliste mais aussi pour faire fonctionner le gouvernement, les services et les secteurs « professionnels » de l'économie. En regardant les choses de cette façon, nous commençons à voir quelque chose qu'on ne mentionne pas souvent : la vulnérabilité de l'économie capitaliste moderne augmente, elle ne diminue pas.

Plus l'économie devient compliquée et hautement organisée, plus elle devient vulnérable aux arrêts ou à la désorganisation de l'industrie de base. On le verrait encore plus clairement dans la grève actuelle des mineurs si les Mineurs unis d'Amérique regroupaient les travailleurs de toute l'industrie du charbon et pas seulement ceux de la région fortement syndiquée des Appalaches, depuis la Pennsylvanie et la Virginie-Occidentale jusqu'à l'Alabama, le Kentucky, l'Indiana et l'Illinois, mais aussi les mineurs des bassins miniers largement non syndiqués de l'Ouest.

Le côté politique est encore plus important. Du point de vue de notre ennemi de classe, les familles capitalistes dirigeantes, il est facile de comprendre, d'un point de vue politique, que le charbon est plus important pour elles que le travail social. Leur système peut fonctionner beaucoup plus facilement et plus longtemps sans travailleurs sociaux que sans charbon. Sur le plan personnel les capitalistes n'ont même pas besoin de travailleurs sociaux puisqu'ils perçoivent *leurs* généreuses aides sociales directement des services fiduciaires des banques.

Cet élément devient encore plus clair si vous l'examinez du point de vue des besoins concurrentiels de l'impérialisme américain à l'échelle mondiale. Ce travail social des travailleurs aux États-Unis est la source de la puissance internationale du capitalisme américain, la source des exportations de biens et de capitaux de la classe dirigeante.

Telles sont les raisons pour lesquelles les travailleurs industriels, qui sont une minorité de la classe ouvrière américaine, ont une telle force fondamentale, une telle puissance potentielle. Ces faits révèlent toute l'imposture des théories universitaires sur la « nouvelle classe ouvrière » et la « société postindustrielle. »

Mais nous devons aussi considérer l'aspect politique de cette question du point de vue de *notre* classe, la classe ouvrière.

Premièrement, une grande partie de l'industrie est syndiquée. Cela semble évident, mais ce n'est vrai que depuis quelques décennies dans l'histoire américaine. Jusqu'au milieu des années 30, à bien des égards, jusqu'à la seconde guerre mondiale, ce n'était pas vrai ; l'industrie de base *n'était pas* syndiquée. Une aristocratie du travail relativement petite était syndiquée, principalement dans les métiers qualifiés. Mais maintenant, la grande masse des travailleurs industriels est syndiquée à des niveaux significatifs [9].

---

9. Quatre décennies plus tard, en 2019, les conséquences cumulatives du cours de collaboration de classe des directions syndicales décrit dans ces pages ont miné ces progrès. En 1978, lorsque ce rapport a été présenté, plus de 20 pour cent des travailleurs du secteur privé étaient syndiqués ; aujourd'hui, ce chiffre est tombé à 6,5 pour cent, comparable aux niveaux du début des années 30, avant les campagnes de syndicalisation

Deuxièmement, il faut considérer la nature du lieu de travail industriel et ce que l'usine fait aux travailleurs, aux points de vue social et psychologique. La nature sociale du travail, la grande concentration des travailleurs, la division du travail très poussée, tous ces facteurs donnent aux travailleurs une conscience de notre pouvoir et aussi du fait bien réel qu'on ne peut exercer ce pouvoir que lorsqu'on le canalise et le dirige *collectivement*.

Le fait que la négociation collective, plutôt que les relations individuelles avec les patrons, régisse tellement ce qui se passe dans l'industrie engendre une plus grande confiance en soi des travailleurs. Cela favorise le développement de la conscience de « pas de contrat, pas de travail, » même en période d'offensive de la classe dirigeante. Comme l'a récemment expliqué un mineur au journal télévisé, quand on est bébé, avant d'apprendre à dire « maman » ou « papa », on apprend à dire « pas de contrat, pas de travail. »

Il est important, en troisième lieu, de se rappeler que la moyenne d'âge de la main d'oeuvre dans l'industrie change. Il y a beaucoup plus de jeunes travailleurs, la génération de l'après-Vietnam dont les patrons ne cessent de se plaindre durant la grève des mineurs. Et nous avons détaillé la composition raciale de certaines industries à maintes reprises au cours des dernières années.

---

et le mouvement social de la classe ouvrière qui ont construit les syndicats industriels. Les baisses les plus marquées se sont produites dans les syndicats qui représentent les travailleurs des industries de base comme l'extraction du charbon (87 pour cent des mineurs de fond en 1977, environ 20 pour cent en 2018) et les usines de montage automobile (plus de 90 pour cent à la fin des années 70, environ 50 pour cent de nos jours). Les taux de syndicalisation ont reculé de manières comparables parmi les travailleurs de la sidérurgie, les travailleurs représentés par l'Association internationale des machinistes, les travailleurs de la confection et du textile, du bâtiment et d'autres industries de base.

« Comme l'a expliqué un mineur de charbon au journal télévisé, même les bébés apprennent à dire : « Pas de contrat, pas de travail, » avant d'apprendre à dire « maman » ou « papa ». »

UMWA

NANCY COLE/THE MILITANT

En haut : Stearns, Kentucky, 1978. Des mineurs en grève contre Blue Diamond Coal exigent la reconnaissance de leur syndicat.

En bas : Washington, D.C., mars 1978. Les mineurs ont défié l'administration Carter quand elle a tenté de briser la grève nationale des UMWA avec un ordre de retour au travail.

Quatrièmement, nous devons remarquer que la classe ouvrière industrielle a déjà connu des périodes de radicalisation. C'est un fait qu'il ne faut pas exagérer, mais qui est bien réel. Les syndicats industriels se sont construits dans les luttes massives du CIO. Il a fallu des batailles sanglantes pour construire les Travailleurs de l'automobile, pour construire les Teamsters dans de grandes régions du pays, pour construire les Métallos, etc. Cette tradition demeure, même si une grande partie de la continuité s'est rompue.

Il faut aussi constater, comme cinquième élément, à quel point ces syndicats industriels ont une influence qui déborde de l'industrie, de l'usine ou des travailleurs directement concernés. Ils affectent de vastes régions du pays. Revenons une fois de plus à la grève actuelle des mineurs. Quand vous parlez des enjeux de la grève des UMWA, vous parlez de la santé, du bien-être et de l'avenir de toutes les Appalaches, une région entière du pays.

Lorsque vous parlez des TUA, vous parlez de l'avenir de villes entières, par exemple, de Détroit.

Enfin, et c'est le plus important, c'est contre la classe ouvrière industrielle syndiquée que la classe dirigeante concentre de plus en plus son attaque véritable. La classe dirigeante peut infliger des défaites aux membres de l'AFSCME dans les administrations de différentes municipalités ou de différents États. Elle peut imposer des coupes budgétaires aux enseignants. Elle peut faire toutes sortes de choses de ce genre, mais cela ne suffit pas. Elle doit « mater » la classe ouvrière industrielle. Elle doit « mater » les producteurs qui occupent la position la plus stratégique. Voilà la cible de l'offensive de la classe dirigeante. C'est pourquoi nous en faisons notre priorité.

Nous devons continuer à donner la priorité à la sidérurgie en ajoutant toutefois le rail et l'automobile à nos priorités *nationales*. Nous devons aussi voir ce qui se passe au niveau local. À certains endroits, nous donnerons la priorité au syndicat des Machinistes, qui a organisé des secteurs entiers de l'industrie, au Syndicat international des travailleurs des industries pétrolière, chimique et atomique (OCAW), à l'industrie et aux syndicats de l'électricité, aux chantiers navals, à l'industrie minière, aux transports ou à tout ce qui correspond à nos besoins d'ensemble et qui se justifie localement.

Comme l'a dit Jim Cannon il y a 37 ans : « Nous sommes un petit parti et nous ne pouvons pas nous mettre à tout coloniser. Nous devons coloniser les endroits qui offrent en ce moment les meilleures perspectives. Et quand l'opportunité que nous avons saisie à un moment donné s'avère par la suite moins fructueuse que prévue, nous devons déplacer nos membres [10]. » Il est de loin préférable d'avoir deux *fractions* viables et fonctionnelles dans une ville ou une branche que d'avoir plusieurs « fractions », chacune avec un ou deux camarades. C'est un guide essentiel.

Nous devons maintenant adopter ces priorités et affirmer consciemment que nous « dé-AFSCME-isons » le parti. Nous ne le faisons pas parce que nous déprécions le travail que nous faisons dans des syndicats comme l'AFSCME ou le recrutement au parti d'excellents contacts que nous pourrions y avoir. Nous le faisons du seul point de vue de savoir où le parti affectera ses membres. Nous ne sommes pas neutres ou indifférents quand un camarade devient enseignant, travailleur social, entre dans le SIEPB ou va dans l'industrie. Nous voulons aider les camarades à aller dans l'industrie et dans les syndicats industriels.

---

10. James P. Cannon, *The Socialist Workers Party in World War II*, Pathfinder, 1975, discours du 11 octobre 1941, p. 236 [Édition de 2019].

Ceci ne signifie pas que nous ne ferons pas de travail dans l'AFSCME ou les syndicats d'enseignants, ou que nous n'y prêterons pas toute notre attention [11]. Le tournant vers l'industrie renforcera notre travail dans les syndicats et le mouvement ouvrier dans son ensemble. Il n'enlèvera rien à l'importance que nous accordons aux luttes politiques parmi les enseignants, par exemple. En fait, à mesure que le parti et nos fractions dans les syndicats industriels grandiront, le moment viendra où nous déciderons de recruter des fractions dans les syndicats d'enseignants, les employés du gouvernement, etc.

Mais nous devons décider dans quels syndicats nous enverrons des camarades, y compris des membres du parti qui sont aujourd'hui dans l'AFSCME, l'AFT ou la NEA. Il faut en faire l'orientation consciente et explicite du parti, sans ambiguïté ni exception.

L'offensive contre les travailleurs industriels
La troisième question est : quel est le caractère de l'offensive actuelle contre la classe ouvrière industrielle ? Quelle réponse politique lui donner ?

Je ne répéterai pas ce dont nous avons déjà parlé : les attaques actuelles contre les employés de la fonction publique et des services sociaux ; l'impact différent de cette offensive sur les nationalités opprimées, les femmes et les jeunes ; le glissement à droite de la politique bourgeoise, qui encourage la droite au moment où s'accroît la polarisation de classe.

Ici, je veux me concentrer sur le caractère particulier des attaques contre les travailleurs industriels, contre les syndicats industriels.

Quand nous parlons des responsabilités sociales et politiques du mouvement syndical, nous expliquons le besoin

---

11. Voir le glossaire : AFSCME ; AFT ; NEA ; SIEPB

de combattre la politique de la classe dirigeante qui vise à imposer aux *familles individuelles l'entière* responsabilité de services sociaux que la société devrait assumer : la prise en charge des jeunes, des personnes âgées, des malades et des handicapés.

Mais le capitalisme n'agit pas seulement de cette façon. Les employeurs cherchent aussi à imposer au *travailleur individuel* des responsabilités que la société devrait prendre en charge. Ils essaient, de plus en plus, de prescrire que ces responsabilités ne soient prises en charge pour chaque travailleur individuel qu'en fonction de la rentabilité de son patron. Je laisse de côté les exemples les plus grotesques, comme les officiers des syndicats des services publics qui ont englouti dans des obligations de la ville de New York d'énormes sommes tirées des fonds de pension. Mais de plus en plus souvent, les prétendus avantages sociaux (pensions, couverture médicale, allocations supplémentaires de chômage) dépendent des profits que continue à faire ou ne pas faire le patron pour lequel vous travaillez. Nous voyons cette tendance se développer dans des industries comme le charbon, l'acier et l'automobile.

Ces avantages ne sont pas acquis pour la classe dans son ensemble, ni même pour une partie de la classe. Quand tout va bien, ces avantages sont bons *pour les travailleurs qui y ont droit*, parce qu'ils constituent un complément substantiel à ce sur quoi les travailleurs industriels peuvent compter. Mais quand l'étau se resserre, tout cela commence à se désintégrer. Vos fonds de pension sont menacés. Votre couverture médicale est démantelée. Les allocations de chômage complémentaires s'amenuisent. Et la crise empire.

Voilà le prix à payer quand la dette du syndicalisme d'affaires arrive à échéance.

C'est le prix à payer pour une politique de collaboration de classe qui consiste à refuser de se battre pour les besoins

« La collaboration de classe n'est pas simplement une attitude de bureaucrates syndicaux. Elle prend la forme d'institutions qui menottent les travailleurs, en les poussant à dépendre d'une réalité étrangère à leur propre pouvoir en tant que classe. »

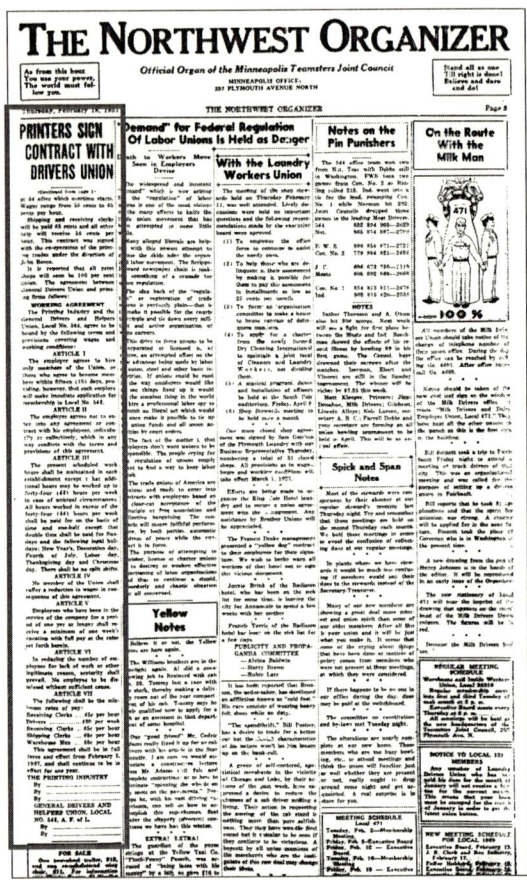

Des obstacles bureaucratiques obligent généralement les travailleurs à ne voir que le « résumé du contrat » que leur présentent les responsables syndicaux. Aujourd'hui de la taille d'un livre, ces contrats sont impossibles à lire. La direction lutte de classe des Teamsters de Minneapolis exigeait que les contrats soient courts et précis, souvent d'une seule page. Ils ne contenaient jamais d'interdiction de grèves. Ci-dessus, l'entente avec les patrons des imprimeries de la ville, publiée en entier dans l'hebdomadaire du syndicat, le 18 février 1937.

réels *de la classe ouvrière* ; à refuser de se battre pour une sécurité sociale dont l'ensemble de la classe bénéficie, pour des prestations de santé universelles et de véritables allocations de chômage permettant de subsister, pour une protection contre l'inflation et, surtout, pour une semaine de travail plus courte sans perte de salaire.

Et n'oublions jamais que c'est le prix à payer pour une bureaucratie qui rejette un cours d'action politique ouvrière indépendante. C'est le prix à payer pour une direction syndicale qui dit que les luttes sociales et politiques sont inutiles ; qu'on peut compter sur les promesses des employeurs dans la convention collective ; qu'on peut compter sur certaines ailes des deux partis impérialistes pour *nous* servir d'instrument politique.

C'est le prix à payer pour une bureaucratie syndicale qui refuse de se battre pour l'ensemble des besoins sociaux de la classe ouvrière et de construire un instrument politique permettant de mener cette lutte. Cela permet de comprendre, de manière nouvelle et plus concrète, pourquoi les travailleurs ont besoin d'un parti indépendant : parce que maintenant ces problèmes se posent directement aux travailleurs syndiqués de l'industrie de base, la partie de la classe ouvrière qui se croyait la moins vulnérable et la plus capable de s'en tirer.

Par leur offensive, les patrons s'attaquent consciemment à la démocratie syndicale. Ils visent en particulier le *droit de grève*. Les employeurs tentent également de rendre permanentes d'autres entraves bureaucratiques, comme de longues périodes d'essai, leur permettant ainsi de se débarrasser de militants syndicaux, de « fauteurs de troubles » et de « blessés ambulants » en tout genre. Ils accélèrent les cadences et minent la sécurité et la protection de la santé au travail.

Les primes au rendement et le travail à la pièce se multiplient. Les employeurs généralisent des mesures comme l'accord expérimental de négociation dans le secteur de l'acier, avec son engagement à ne pas faire grève [12]. Ils introduisent des procédures d'arbitrage à toutes les pages des conventions collectives, menottant ainsi les travailleurs et les privant du droit d'utiliser leur force pour riposter. Ils institutionnalisent de cette façon la collaboration de classe.

La collaboration de classe n'est pas seulement une attitude de bureaucrates. Elle prend la forme d'institutions qui ligotent le travailleur et l'amènent à dépendre d'autre chose que de la force de ses camarades de travail ou de sa classe. Les concessions à l'offensive patronale sapent de plus en plus toute forme de démocratie syndicale, le contrôle syndical sur les cadences et sur les conditions de travail, et les droits individuels des travailleurs sur les lieux de travail. Les employeurs peuvent de moins en moins se permettre de vous accorder le droit de savoir ce que contient votre contrat de travail, le droit de voter sur ce contrat, le droit d'élire vos délégués syndicaux et vos responsables. Par conséquent, la bureaucratie syndicale tolère ces droits de moins en moins.

Pour finir, ce qui garantit la collaboration de classe, c'est le fait de dépendre totalement, sur le plan politique, des partis des patrons et de leurs gouvernements.

L'offensive des classes dirigeantes rend la *solidarité* de plus en plus nécessaire. La solidarité est devenue essentielle au succès des luttes qui éclatent aujourd'hui. Chacune de ces luttes, comme celle de l'Iron Range ou celle des mineurs de charbon, se transforme en combat politique pour la conscience de la classe ouvrière. Pas seulement pour celle des travailleurs en grève, mais aussi pour celle de la classe tout entière. Les grévistes demandent qu'on les soutienne.

---

12. Voir le glossaire : Accord expérimental de négociation.

C'est ce que les patrons, le gouvernement, tentent d'empêcher : ils veulent attiser l'opposition et la division.

C'est pourquoi nous avons besoin de solidarité. Mais c'est aussi pourquoi nous avons besoin d'internationalisme. Parce qu'en fin de compte, la solidarité de classe doit être internationale. Elle doit s'attaquer à des politiques de la classe dirigeante comme le protectionnisme, l'expulsion des travailleurs sans papiers, les campagnes chauvines « Achetons américain, » etc.

De plus, pour qu'il y ait une véritable solidarité, il faut qu'elle se manifeste au sein même du syndicat, au sein même de la classe ouvrière. Le besoin élémentaire et immédiat de solidarité de classe, avec la grève des mineurs ou avec n'importe quelle grève, braque les feux sur l'importance d'utiliser le poids et le pouvoir des syndicats dans la lutte pour les droits des Noirs, pour les droits des femmes et pour l'action affirmative. Sans lutter pour ces droits, la solidarité au sein du syndicat et de la force de travail elle-même se dégrade.

Sans programmes de soins des enfants, sans appuyer et lutter pour les besoins des femmes, la lutte pour démocratiser le syndicat s'affaiblit. Des couches de travailleurs n'arrivent pas à participer sur un pied d'égalité. On ne peut mobiliser l'ensemble des travailleurs pour prendre et appliquer les décisions nécessaires pour lutter.

L'offensive des employeurs a des conséquences différentes sur différentes couches de la classe ouvrière. Elle frappe plus durement celles qui sont les moins aptes à se défendre. Ce fait pose directement et immédiatement la nécessité pour le mouvement ouvrier de diriger la bataille pour répondre aux grands besoins sociaux des chômeurs, des femmes, des nationalités opprimées, des travailleurs immigrés, des jeunes, des petits agriculteurs, des petits camionneurs et des pêcheurs qui utilisent leurs propres véhicules ou bateaux.

Si les syndicats ne dirigent pas, ils récolteront une tempête de suspicion et de haine croissantes de la part de ceux qui devraient être leurs alliés et même leurs membres. Et cela finira par être décisif.

Voilà pourquoi il faut écrire les articles du *Militant* en ayant en tête non seulement les travailleurs les plus immédiatement concernés, mais la classe ouvrière dans son ensemble. Il devient de plus en plus possible, et nécessaire, d'expliquer le caractère de *classe* de chaque question.

Pour lutter sur ces questions sociales, pour livrer les batailles politiques, les travailleurs ont besoin d'un *parti ouvrier*, d'un parti basé sur nos institutions de classe les plus élémentaires, les syndicats. Nous avons besoin d'un instrument politique qui défendra les besoins de la classe ouvrière dans son ensemble. Cela va de pair avec la solidarité et la démocratie syndicale.

Nous devons poser la question du parti ouvrier à tous les niveaux. Pourquoi les politiciens capitalistes agissent-ils comme ils le font ? Y compris ceux qui se disent progressistes, de gauche ou, eh oui, socialistes ? Pourquoi *doivent-ils* agir de cette façon ? Quels liens y a-t-il entre les partis capitalistes et les politiciens, d'une part, et les employeurs, les policiers, le gouvernement et l'État, d'autre part ? Combien la classe ouvrière dans son ensemble doit-elle payer, dans chaque cas, pour ne pas posséder de parti ouvrier qui lutte pour les intérêts des travailleurs et des autres exploités ? Combien lui coûte le fait d'être désarmée dans l'arène politique ?

Loin d'être plus difficile, tout cela devient plus facile à expliquer efficacement.

En même temps, la bureaucratie syndicale a de moins en moins de répit, de moins en moins d'espace pour manœuvrer. Les bureaucrates essaient de négocier un contrat qui satisfera le patron. Mais s'ils n'obtiennent pas un contrat suffisamment bon pour les rangs, le moment viendra où les travailleurs voudront s'en défaire.

Ce qui devient aussi plus clair, c'est que l'état dans lequel se trouve la bureaucratie n'est pas identique à l'état dans lequel se trouvent les syndicats. C'est une grande leçon de la grève de l'Iron Range et de celle des mineurs de charbon. Le syndicat et la bureaucratie sont deux choses différentes. En fait, la bureaucratie affaiblit et handicape le syndicat. Et pendant que la bureaucratie se trouve dans une situation de plus en plus difficile, sous pression, les rangs des syndicats sont plus disposés à se battre et prêts à penser à de nouvelles méthodes de lutte, à de nouvelles perspectives et à de nouveaux programmes.

Qu'est-ce que le travail syndical ?

Qu'est-ce que le travail syndical dans l'industrie ? Telle est notre quatrième question.

Pour le décrire de la façon la plus simple et la plus juste, on peut dire qu'il s'agit de parler de socialisme avec les travailleurs, c'est-à-dire d'*organiser* les travailleurs. Le travail syndical consiste à prendre des initiatives *avec d'autres* travailleurs, y compris pour organiser des syndicats. Il s'agit de renforcer la conscience de classe et de maximiser la capacité et la volonté des travailleurs d'utiliser le pouvoir des syndicats contre les patrons et leur gouvernement. Voilà ce qu'est le travail syndical.

Nous le faisons en travaillant collectivement, pas simplement comme des individus. Nous le menons au moyen de fractions organisées et non à la pièce avec des camarades laissés à eux seuls. C'est le parti qui dirige ce travail.

Nous expliquons le programme prolétarien du parti et le mettons en pratique pour guider notre activité au sein de la classe ouvrière et des syndicats. Nous vendons des abonnements au journal qui fait avancer l'organisation de la classe ouvrière, ainsi que des livres et des brochures par les dirigeants du parti et de luttes révolutionnaires. Nous utilisons nos forums hebdomadaires, les campagnes électorales du SWP et les autres institutions du parti.

Notre objectif est d'aider les travailleurs, y compris les membres du parti, à prendre confiance en nous-mêmes. Devenir plus confiants en notre pouvoir et nos capacités, *en nous organisant nous-mêmes*. Ce faisant, la solidarité se renforce à chaque nouvelle étape.

Il n'y a pas de manuel pour transformer du jour au lendemain les camarades en experts. Seule l'expérience de la lutte des classes peut le faire. Cependant, il y a une chose que chaque camarade devrait lire ou relire quand il va dans l'industrie. Ce devrait être une sorte de règlement dans le parti. C'est la série des quatre livres de Farrell Dobbs sur le syndicat des Teamsters : *Rébellion Teamster, Teamster Power, Teamster Politics, Teamster Bureaucracy*. [13] Il est invraisemblable qu'on puisse trouver un meilleur « manuel » pour expliquer tous les aspects du travail syndical bolchevique. [Et un peu plus de quatre décennies après la présentation de ce rapport, j'ajouterais deux livres à cette liste d'incontournables : l'article inachevé de Léon Trotsky de 1940 : « Les syndicats à l'époque de la décadence impérialiste, » y compris la préface de Farrell à une brochure de 1969 contenant cet article, et *Malcolm X, la libération des Noirs et la voie vers le pouvoir ouvrier*, publié en 2010 [14]. — JB]

---

13. Voir le glossaire : Teamsters, série de livres sur les.

14. Trotsky n'avait pas terminé cet article quand il a été assassiné en août 1940. On peut le trouver, avec la préface de Farrell Dobbs, dans *Tribuns du peuple et syndicats*, de Karl Marx, Vladimir I. Lénine, Léon Trotsky, Farrell Dobbs et Jack Barnes (Pathfinder, 2020). *Malcolm X, la libération*

Nous n'avons pas de recette sur la façon de faire du travail syndical. Mais on peut avoir à l'esprit un certain nombre de choses.

L'une est l'écart qui existe parfois entre le type de travail qu'on peut faire dans l'usine et le type de travail qu'on peut faire dans le syndicat. On peut parfois faire l'un, mais pas l'autre. Et puis la situation peut changer rapidement et on peut faire les deux.

Deuxièmement, nous devrions saisir chaque opportunité pour parler concrètement de démocratie syndicale, d'action politique ouvrière indépendante et de solidarité. Soulevons ces questions, parlons-en chaque fois que nous en avons l'occasion. Il y a là aussi beaucoup de variations.

Par exemple, les camarades de l'énorme usine Sparrows Point de Bethlehem Steel à Baltimore rapportent que toutes sortes de discussions ont lieu parmi les métallos au sujet de la grève des mineurs de charbon : comment soutenir leur grève, son importance, etc. Des travailleurs noirs et latinos prennent l'initiative d'expliquer le besoin de solidarité et de s'organiser en conséquence.

Mais les camarades des chantiers navals de Brooklyn, où la conscience syndicale est plus faible, constatent qu'ils doivent commencer par expliquer pourquoi les travailleurs devraient s'intéresser aux mineurs, pourquoi la lutte des mineurs est importante. Quelques travailleurs noirs, portoricains et latinos en particulier disent : « S'ils gagnent sept à huit dollars de l'heure [soit entre 27 et 31 dollars de l'heure en 2019] et s'ils ont tous ces avantages, quel intérêt avons-nous à les appuyer ? » Ça varie énormément.

---

des Noirs et la voie vers le pouvoir ouvrier, de Jack Barnes, est aussi publié par Pathfinder.

Troisièmement, nous devons mieux connaître l'industrie, apprendre le métier, connaître les syndicats et aider les autres à faire de même.

Quatrièmement, il faut tout voir comme un effort de *fraction*. Ne placez jamais un camarade dans l'industrie dans une situation où il ou elle se sent entièrement responsable, comme individu, du travail syndical. Ne leur demandez jamais de vous donner une liste de réalisations individuelles. Il n'y a rien que nous faisons de cette façon. Nous n'attribuons pas le résultat d'une campagne électorale à une seule personne. Lorsqu'un demi-million de personnes manifestent à Washington contre la guerre au Vietnam, nous ne faisons pas l'éloge de Fred Halstead parce qu'il était un dirigeant de notre travail dans le mouvement contre cette guerre.

Bien entendu, chaque camarade est personnellement responsable de ce qu'il fait ou ne fait pas pour mener à bien le travail syndical du parti, en accord avec les discussions au sein du parti et des décisions que celui-ci prend. Mais nous évaluons notre travail politique à partir de ce que nous accomplissons ensemble dans les fractions, sous la direction du parti, aux côtés d'autres travailleurs. C'est ainsi qu'il faut comprendre le travail syndical.

Nous n'avons pas besoin d'un bilan quotidien des hauts et des bas de chaque camarade dans ce travail. Nous ne jugeons pas à partir des périodes creuses, où on peut accomplir peu de choses. Nous évaluons l'effort à long terme effectué par le parti et les fractions, à l'échelle nationale. C'est la seule façon possible de mesurer les réalisations du travail syndical. Ce que chaque individu pourra accomplir variera énormément, d'une période à l'autre dans le même travail et d'un emploi à l'autre dans la même industrie.

« Les travailleurs industriels qui produisent ou transportent des matières premières et des produits semi-finis sont importants. Sans eux, la production capitaliste et le commerce cessent. »

JOHN COBEY/THE MILITANT

MARTÍN KOPPEL/THE MILITANT

En haut : Ligne de piquetage au chantier naval Tenneco de Newport News, Virginie, février 1979. La lutte victorieuse de la section locale 8888 des Métallos pour la reconnaissance du syndicat a montré que les victoires dans la lutte pour les droits des Noirs dans le Sud avaient renforcé la classe ouvrière et les syndicats.

En bas : Les travailleurs de Bethlehem Steel à Baltimore ont rempli deux autobus pour se rendre au rassemblement de 3 500 personnes en appui à cette grève à Newport News, en mars 1979. Des membres du SWP faisaient partie des travailleurs de l'usine qui ont construit l'action.

« La récession mondiale de 1974-1975 a été un point tournant pour le capitalisme. Elle a coïncidé avec des évènements importants dans la politique mondiale : au Vietnam, en Angola, en Afrique du Sud, à la Grenade, au Nicaragua et en Iran. »

En haut : Lorsque l'Angola a déclaré son indépendance en 1975, l'armée sud-africaine l'a envahi. À l'issue d'une guerre de 16 ans, les soldats angolais et les volontaires cubains ont vaincu l'armée du régime d'apartheid. Ici, des soldats angolais et cubains célèbrent la victoire après une bataille importante à Cangamba, en août 1983.

En bas, à gauche : En avril 1975, les combattants pour la libération du Vietnam entrent à Saigon, aujourd'hui Hô Chi Minh-Ville, pendant que les dernières forces américaines prennent la fuite.

En bas, à droite : Soweto, Afrique du Sud, juin 1976. La police tire sur une manifestation de 10 000 étudiants, déclenchant ainsi un soulèvement populaire qui a accéléré la lutte menant au renversement de l'apartheid au début des années 90.

En haut : Téhéran, 8 mars 1979. Des milliers de femmes qui avaient participé à l'insurrection menant au renversement du shah le mois précédent manifestent pour obtenir des droits égaux et s'opposer aux tentatives du nouveau régime de forcer les femmes à porter le voile.

À droite : Managua, Nicaragua. En juillet 1979, un mouvement révolutionnaire populaire a renversé la dictature de Somoza, soutenue par les États-Unis.

En bas : La Grenade, 1980. Des travailleurs condamnent les menaces de Washington contre le gouvernement révolutionnaire arrivé au pouvoir en mars 1979.

« En s'attaquant aux travailleurs industriels et à leurs syndicats, les patrons et leur gouvernement poussent ce secteur décisif de notre classe vers le centre de la politique aux États-Unis. »

En haut : Washington, avril 1975. Des partisans du mouvement Les Métallos ripostent, organisés par des travailleurs du rang luttant pour la démocratie syndicale, participent à un rassemblement de l'AFL-CIO pour des emplois.

En bas : Wellington, Nouvelle-Zélande, juin 1976. Manifestation de 10 000 personnes contre un gel des salaires. Parmi ces manifestants, il y avait des opposants au régime d'apartheid en Afrique du Sud, des étudiants en lutte contre les réductions budgétaires dans l'éducation et des partisans de la légalisation de l'avortement.

En haus : Oklahoma City, juillet 1979. Des travailleurs de General Motors célèbrent leur victoire dans la lutte pour se syndiquer, après un vote de 2 contre 1 en faveur du syndicat. Cette victoire et la campagne victorieuse des sidérurgistes de Newport News, la plus importante dans le Sud en un quart de siècle, ont stimulé les luttes ouvrières dans tout le pays.

En bas : Virginia, Minnesota, août 1977. Une grève de quelque 18 000 métallos a paralysé des mines de fer et des usines au Minnesota et au Michigan.

« Nous utilisons le *Militant,* les livres et les campagnes électorales du SWP pour dire la vérité sur l'exploitation, l'oppression et les guerres du capitalisme et pour montrer comment les travailleurs résistent aux attaques contre nos droits et nos conditions de vie et de travail. »

À gauche : Dan Fein, métallurgiste et candidat du SWP à la mairie de Phoenix en Arizona, en 1979.

La bannière derrière lui dit : « Nous, les travailleurs, avons besoin d'un parti ouvrier basé sur les syndicats. ».

CENTRE D'HISTOIRE DE LA VIRGINIE-OCCIDENTALE ET DE LA RÉGION

Au centre : Tom Moriarty, mineur et candidat du SWP au poste de gouverneur de Virginie-Occidentale en 1980. « Les mineurs ont prouvé que nous pouvons lutter et gagner, a dit Moriarty. Faisons-le en politique comme sur les piquets de grève. » Le tract dit : « Un mineur de charbon comme gouverneur. »

En bas : Travailleurs de chantiers navals, Eli Green et Cappy Kidd ont été candidats aux postes de conseillers municipaux de Newport News en Virginie, en 1982.

À gauche : Kiruna, Suède, février 1999. Un ouvrier socialiste présente le *Militant* à un mineur de fer de la compagnie LKAP, à 145 kilomètres au nord du cercle polaire arctique.

Chaque numéro du *Militant*, dit Jack Barnes, « fait connaître, par la voix des travailleurs eux-mêmes et en notre propre nom, la résistance aux attaques capitalistes dans les usines, les mines et les communautés ouvrières. »

Le SWP a organisé une école de direction « pour aider les dirigeants élus du parti à se réapproprier notre programme marxiste par une étude intensive. » Dix sessions de six mois ont eu lieu entre 1980 et 1986. ***Ci-dessus***, des participants à la session du début de 1981.

« Lors de la lutte pour la déségrégation des écoles de Boston, en 1974-1975, la communauté noire et ses partisans ont imposé un match nul aux racistes. »

Ci-dessus : Boston, décembre 1974. « Laissez les autobus circuler, » scandaient des milliers de personnes lors d'une manifestation pour la déségrégation des écoles publiques de Boston. Des rassemblements et des manifestations de masse, des volontaires assurant la sécurité dans les autobus ont repoussé les hommes de main utilisés par le Parti démocrate pour attaquer les autobus scolaires.

Cette bataille, a dit Jack Barnes, « a été l'expérience de combat politique la plus décisive pour toute une couche de la direction du parti, y compris une partie importante de nos dirigeants qui sont des Noirs. »

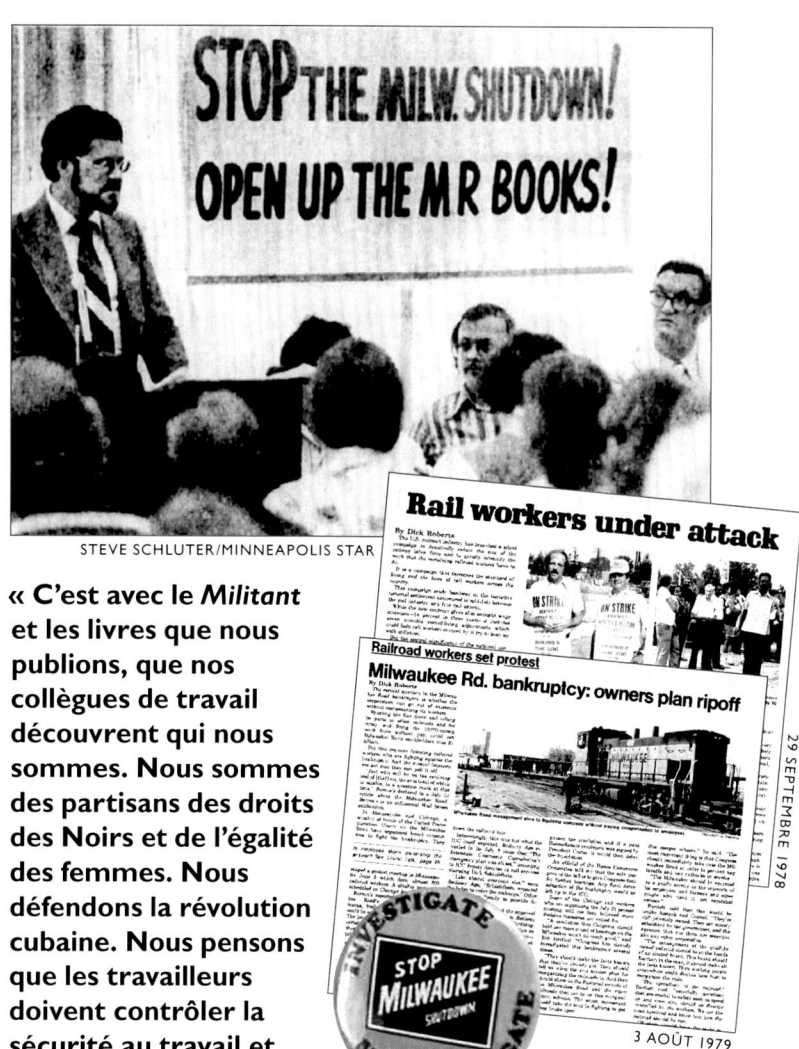

STEVE SCHLUTER/MINNEAPOLIS STAR

29 SEPTEMBRE 1978

3 AOÛT 1979

« C'est avec le *Militant* et les livres que nous publions, que nos collègues de travail découvrent qui nous sommes. Nous sommes des partisans des droits des Noirs et de l'égalité des femmes. Nous défendons la révolution cubaine. Nous pensons que les travailleurs doivent contrôler la sécurité au travail et la production. »

En 1977, les patrons du chemin de fer Milwaukee Road ont été parmi les premiers transporteurs de marchandises à recourir aux tribunaux de faillite pour réduire la taille des équipages, licencier des travailleurs et maximiser leurs profits. Les cheminots ont porté des macarons disant « Enquêtez sur le *Milwaukeegate*. »

En haut : Minneapolis, juin 1979. Une assemblée de 250 travailleurs exige des patrons : « Ouvrez les livres de comptes ! » Six syndicats ferroviaires locaux ont soutenu cette action.

À droite : Le *Militant* a fait campagne en défense des emplois et des conditions de travail sécuritaires pour les cheminots.

« Nous appuyons les mineurs qui, depuis les années 60, ont fait reculer l'anthracose, ont obtenu des cliniques communautaires et ont créé les Mineurs pour la démocratie afin d'utiliser le pouvoir syndical pour défendre les travailleurs du rang. »

STU SINGER/THE MILITANT

Les Mineurs unis d'Amérique, le syndicat le plus puissant aux États-Unis à l'époque, ont été une cible privilégiée de la campagne antisyndicale des patrons.

Ci-dessus : Washington, mars 1981. Protestation nationale de mineurs, peu avant que 160 000 travailleurs entament une grève qui, comme celle de 110 jours en 1977-1978, a permis d'obtenir un contrat de travail sans les concessions exigées par les patrons. La pancarte dit : « La poussière de charbon tue les mineurs de charbon. »

On ne doit pas séparer le travail syndical des campagnes du parti. Il ne s'agit pas d'une « autre campagne » quelque part sur la liste des priorités. C'est notre axe, notre milieu et l'arène fondamentale de notre travail. Ce travail renforce toutes nos campagnes, tout comme il renforce le travail de l'Alliance des jeunes socialistes.

Nous avons déjà tiré quelques leçons de notre travail dans l'acier et dans d'autres industries. La première, c'est que nous n'avons pas à nous asseoir et attendre que les grandes batailles éclatent avant de pouvoir agir. Les batailles pointent à l'horizon. Mais, elles ne se produisent pas dans chaque usine, tout le temps et pour tous les camarades.

Bien que nous n'ayons pas à attendre, nous ne pouvons pas non plus imaginer que nous pourrons initier nous-mêmes de grandes luttes si elles ne se produisent pas. Notre taille exclut cette possibilité. Tant que nous éviterons ces deux erreurs, nous pourrons réaliser une énorme quantité de travail.

Nous devons nous poser une autre question au sujet du travail syndical. Que raterait le parti si sa grande majorité n'allait pas dans l'industrie *aujourd'hui* ? Non pas après notre prochaine rencontre nationale, ni après la prochaine réunion du Comité national, mais *aujourd'hui*.

Une des choses les plus importantes, c'est qu'il nous manquerait de connaître la vie de la classe ouvrière de manière approfondie. En n'étant pas dans l'industrie, le parti ne pourrait prendre le pouls des vrais changements qui commencent à se produire dans la politique aux États-Unis. Nous ne pourrions connaître la vie des usines, des manufactures et des mines. Nous ne pourrions connaître la vie des syndicats ni la vie dans les syndicats bureaucratiques, dégénérés et déclinants. Nous ne pourrions partager la vie des travailleurs avec son rythme, ses problèmes, ses expériences et ses difficultés.

Il n'y a qu'un seul moyen de vraiment connaître tout cela : en y étant. Quand nous y sommes, nous n'avons pas besoin de ces sondages bidons pour savoir ce que pensent les travailleurs.

Farrell [Dobbs] m'a rappelé une anecdote à propos de Lénine. Pendant les journées de juillet en Russie en 1917, quand le gouvernement a contraint Lénine à entrer en clandestinité, un travailleur lui a dit : « Ils ont peur de nous, camarade Lénine. »

Lénine a demandé : « Qu'as-tu entendu, camarade ? »

Le travailleur lui a répondu : « Le pain est meilleur. »

Lénine n'avait pas besoin de sondage. Il n'avait pas à attendre le sondage Gallup de Petrograd, qui peut être truqué et erroné. Le meilleur sondage, c'est un parti de travailleurs-bolcheviks.

Ce qui est clé pour nous, c'est le travail pour construire le parti, que nous pouvons effectuer maintenant de manière fructueuse au centre de la vie politique aux États-Unis : la classe ouvrière industrielle. Bien sûr, en disant que c'est le centre, nous ne disons pas que c'est le seul endroit. Il ne s'y produit pas de grandes actions politiques de rue. Mais de plus en plus, ce qui arrive dans les syndicats et aux syndicats influence profondément l'ensemble du rapport de force entre les classes. Et c'est ici que la direction, la future direction de lutte de classe de tous les mouvements des opprimés et des exploités, se forge et doit se forger pour que ces mouvements aillent jusqu'à la victoire.

Changer la composition du parti permet ainsi de renforcer considérablement le parti. Non seulement nous prendrons directement le pouls des secteurs clés de la classe ouvrière américaine, mais nous apprendrons aussi à connaître des travailleurs, y compris nous-mêmes, qui sont mis à l'épreuve et entraînés à devenir des dirigeants des batailles à venir. Il s'agit là de l'arène la plus importante pour former les dirigeants prolétariens des luttes à venir.

Un parti de travailleurs-bolcheviks
Qu'est-ce qu'un travailleur-bolchevik, un terme que nous empruntons fièrement à Lénine ? Qu'est-ce qu'un parti dont la grande majorité sont des travailleurs-bolcheviks ?

En tant qu'individu, un travailleur-bolchevik est membre d'un parti révolutionnaire de travailleurs, un parti connu des travailleurs, un parti qui connaît les travailleurs ; un parti qui a la confiance d'autres travailleurs et qui a confiance *en* eux. Un parti dont les rangs et la direction sont composés de travailleurs. Très simple. Mais il y a plus.

Un travailleur-bolchevik est un travailleur pour qui le parti vient en premier. Un travailleur pour qui le parti est tout. Nous sommes dans l'industrie, dans les syndicats, pour une raison ultime : construire le parti. Ce sera le champ de bataille où le parti, soit conquerra la direction et dirigera les opprimés et les exploités dans la lutte pour le pouvoir, soit perdra la direction au profit d'un des courants petits-bourgeois et verra la contre-révolution triompher. C'est pourquoi nous sommes dans les syndicats et pourquoi nous y serons de plus en plus profondément.

Les travailleurs-bolcheviks sont des révolutionnaires professionnels dans le meilleur sens du terme. Nous savons que révolutionnaires professionnels et permanents sont deux choses différentes, bien que les révolutionnaires professionnels soient prêts à tout moment à assumer une tâche à temps plein à la demande du parti. Un travailleur-bolchevik, peu importe la façon dont il ou elle gagne sa vie, est quelqu'un qui, en tout temps, assume des responsabilités importantes comme membre du parti, en fonction de ce qui est nécessaire. Un camarade qui soutient financièrement et politiquement l'équipe de permanents de l'appareil, la presse, l'infrastructure politique dont le parti a besoin pour fonctionner.

Un travailleur-bolchevik est prêt à se déplacer dans une nouvelle industrie ou une nouvelle ville quand le besoin s'en fait sentir. Il est prêt à aider le parti à se développer, à se renforcer au niveau national et à lui permettre de répondre à des ouvertures politiques comme à Morgantown, en Virginie-Occidentale, ou dans la région de l'Iron Range au Minnesota. Il est prêt à aider à construire les branches que nous avons établies dans d'importants centres politiques comme Albany, Raleigh, Salt Lake City, Miami, San Antonio et Toledo. Ce sont des centres qui influent sur des régions et des États entiers et où nos branches ont besoin de renforts pour pouvoir profiter des ouvertures.

Pour souligner ce point, la direction se voit obligée de faire l'éloge de la pyromanie.

L'une de mes citations favorites de Jim Cannon vient du discours de conclusion qu'il a prononcé à la conférence-plénum du parti en 1941. Il parlait de la colonisation de l'industrie, comme nous le faisons aujourd'hui, et disait qu'il n'y a rien de « plus honteux pour un jeune révolutionnaire que de se ranger et de devenir tellement empêtré quelque part » qu'il ne veut plus déménager. « Ce serait une sacrée bonne chose pour lui que d'être victime d'un incendie » qui balayerait quelques biens personnels encombrants et le rendrait « libre de toute attache et révolutionnaire à nouveau [15]. »

Chaque travailleur-bolchevik devrait accrocher cette citation à son mur. Car c'est la vérité.

---

15. James P. Cannon, *The Socialist Workers Party in World War II*, New York, Pathfinder, p. 237.

Quand des travailleurs adhèrent au parti, ils voient leurs camarades de travail faire partie de comités exécutifs de branche et de section locale, de comités pour les forums. Ils les voient être directeurs des finances ou de la formation, être organisateurs de campagne du SWP ou candidats à une fonction publique, etc. Si ce n'était pas normal dans un parti de travailleurs-bolcheviks, alors toute l'idée ne serait qu'une utopie.

Un travailleur-bolchevik est un camarade qui ne croit pas que son travail politique commence lorsqu'il sort de l'usine. Il n'attend pas de s'éloigner de son travail pour faire de la politique. Il ne cherche pas un travail qui le rende « disponible » pour faire autre chose, mais qui limite les opportunités de faire un travail politique au travail.

Les travailleurs-bolcheviks se voient comme des propagandistes socialistes au travail et après le travail. Ils vendent le *Militant*. Ils vendent des livres et des brochures. Ils soulèvent des idées sur comment diriger la lutte des classes, opposées aux politiques de collaboration de classe de la direction actuelle. Ils parlent continuellement aux travailleurs de la politique, de nos campagnes, de notre journal, de nos rencontres avec d'autres révolutionnaires, de luttes sociales qui ont besoin du soutien du mouvement ouvrier.

Enfin, *mais c'est le plus important*, ils discutent avec leurs collègues d'adhérer au parti.

Une structure de parti

Quelles sont les normes et les structures d'un parti de travailleurs-bolcheviks ?

La chose la plus importante encore une fois, c'est que le parti doit diriger. Le parti ne peut jamais laisser une fraction à elle-même. Une fraction industrielle n'est pas une fraction des Métallos ripostent, d'un regroupement au sein du Syndicat des mineurs ou des Travailleurs des industries pétrolière, chimique et nucléaire. C'est une fraction de membres du Parti socialiste des travailleurs. Et surtout, il faut diriger cette fraction du Parti socialiste des travailleurs en harmonie avec le tempo de la lutte des classes et selon le caractère et le rythme des campagnes du parti que nous menons dans les syndicats. Cela pointe vers une série d'ajustements qui deviendront la norme dans le parti.

Il faut développer le rapport entre les fractions industrielles et les branches et sections locales sur la base de notre expérience. Les formes spécifiques varieront. Dans quelques endroits, comme à Houston par exemple, nous avons des responsables du travail syndical qui travaillent en collaboration avec toutes les fractions en tant que membres de la direction de ville. Ailleurs, comme dans la région de San Francisco, nous utilisons des formes ad hoc. Nous avons une fraction métallo pour toute la région, qu'un membre du Comité national aide à diriger. Nous trouverons les meilleures formes et les utiliserons.

Ce tournant vers la classe ouvrière industrielle et les syndicats affecte tous les aspects de notre structure et de notre fonctionnement. L'heure des réunions de branche doit changer pour permettre aux camarades qui travaillent dans l'industrie d'y participer. Il faut réévaluer la taille des branches. C'est dans ce cadre que nous devons examiner les ventes du *Militant* et de *Perspectiva Mundial*. Les ventes aux portes des usines sur une base régulière et constante deviendront essentielles pour appuyer de l'extérieur les fractions dans l'industrie.

Le parti doit diriger en plaçant des camarades dans l'industrie. Il faut que ce soit une campagne consciente et organisée. La direction doit la diriger en donnant l'exemple. Avoir la majorité des membres de nos comités exécutifs dans l'industrie doit devenir la norme. Pour y arriver, nous devons dégager des organisateurs de branche et de ville et nous devons en même temps permettre à une nouvelle couche de camarades d'acquérir l'expérience d'être des organisateurs. Nous dégageons de leurs autres affectations des membres du Comité national pour qu'ils aillent dans l'industrie maintenant. Des membres du comité d'organisation syndical et quelques membres du Comité politique le feront aussi.

Nous devons aussi accorder plus d'attention à la formation. Comme la classe ouvrière elle-même, les travailleurs-bolcheviks ont un grand besoin et une grande soif de formation. Nous devons lire, penser, écouter et discuter. Nous devons apprendre à expliquer les choses et nous devons lire pour poursuivre nos échanges avec nos compagnons de travail.

Nous devons prêter attention aux programmes de formation des sections locales et des branches. Nous devons réfléchir à comment mieux utiliser nos conférences nationales annuelles de formation. Nous devons sérieusement envisager de relancer l'équivalent de l'école Trotsky [16], afin de nous donner un moyen systématique pour que les dirigeants élus du parti, en commençant par les membres du Comité national et du Comité politique, soient libérés de leurs responsabilités quotidiennes et qu'ils puissent s'éduquer et reconquérir notre programme marxiste en étudiant de façon concentrée pendant quatre ou cinq mois.

Mais le plus important, c'est d'agir *maintenant* pour avoir la majorité du parti et la majorité de la direction dans l'industrie. C'est la grande opportunité, c'est la responsabilité de la direction.

---

16. Voir le glossaire : École Trotsky ; École de direction du SWP.

Lorsque les travailleurs industriels constituent la grande majorité d'une branche, le rythme et les besoins de cette majorité de camarades deviennent la norme. C'est uniquement lorsque ce n'est pas le cas que les questions organisationnelles sur les relations entre les branches et les fractions syndicales deviennent des problèmes. La vie enseigne que le camarade moyen ne devient pas un syndicaliste moins actif mais devient un bolchevik plus actif.

Les changements que nous devons apporter à nos structures se feront naturellement. Nous les verrons non pas comme des problèmes, mais comme une composante normale de la vie du parti, une façon normale de profiter des ouvertures tandis que nous réussissons à transformer le parti. Quand cela se produit, une nouvelle norme s'établit. Vous oubliez ce qui était normal hier. Ce qui devient normal, c'est ce qui est normal aujourd'hui.

Leçons de direction
Notre sixième et dernière question : à quoi ressemble la direction d'un parti de ce type ?

Nous avons un nouveau Comité national, relativement jeune. Mais il a l'une des plus grandes responsabilités, peut-être la plus grande opportunité, de toutes les directions nationales de l'histoire du parti. Nous voulions donc prendre un peu de temps dans cette partie du rapport pour discuter de la question des questions : *la direction*.

Pour diriger une révolution prolétarienne, le parti doit être un parti prolétarien. Il doit être un parti prolétarien dans son programme, sa composition, son expérience et sa direction. Il doit comprendre l'époque dans laquelle il fonctionne. Il n'a pas pour tâche de réformer le capitalisme.

Notre perspective est de mettre fin à la domination du capitalisme. Notre programme est la révolution socialiste.

Nous n'avons pas une série de programmes différents pour différentes sections ou couches de la classe ouvrière. Nous rejetons toute notion de divisions sectorielles ou d'avant-garde multiple. La voie en avant, c'est celle d'une révolution prolétarienne et son avant-garde doit être l'avant-garde organisée et consciente du prolétariat. Il faut chasser du pouvoir la classe dirigeante la plus puissante et la plus centralisée de l'histoire.

Cependant, cela n'épuise pas le sujet parce que le prolétariat n'est pas homogène. Si le prolétariat, qui regroupe la grande majorité de la population, était totalement homogène, si tous les travailleurs passaient par les mêmes expériences et aboutissaient aux mêmes conclusions en même temps, un parti de combat conscient et politiquement homogène ne serait pas aussi nécessaire. Nous pourrions peut-être nous en tirer avec les institutions de classe les plus larges : les conseils d'usine, les soviets, peu importe, les institutions qui par définition regroupent la grande majorité active de toute la classe.

Mais en réalité, c'est justement quand on arrive à cette étape, celle de la transformation des gigantesques syndicats industriels en instruments révolutionnaires de combat, celle de l'établissement de conseils ouvriers, celle de l'établissement de soviets, que la nature hétérogène de la classe (issue de différences historiques de métier, race, sexe, âge et expérience politique) rend le besoin d'un parti si impérieux.

Il faut un parti qui parlera au nom des sections les plus conscientes du prolétariat et dirigera la lutte pour contrer et gagner les travailleurs les moins conscients et les plus arriérés, les plus influencés par l'idéologie bourgeoise et petite-bourgeoise. C'est pourquoi nous ne sommes pas indifférents au fait que le parti soit enraciné dans les sections de la classe ouvrière qui sont doublement opprimées dans la société capitaliste et qu'une partie significative de sa direction et de ses membres en soit issue. Ces travailleurs seront parmi les meilleurs combattants et parmi les dirigeants les plus courageux, résolus et conscients du parti et de la classe.

La montée du mouvement pour les droits des Noirs et de la lutte des femmes a eu un grand impact, un impact historique dont nous avons souvent discuté. Mais pour le parti révolutionnaire, ces mouvements ont une conséquence qui l'emporte sur toutes les autres : le matériel humain, les dirigeants potentiels du parti prolétarien, sont maintenant plus nombreux.

Si c'est vrai, il faut en tirer une autre conclusion. Tous les dirigeants *dirigent le parti*, pas un secteur du parti ou un groupement dans le parti. Naturellement, les dirigeants qui sont des femmes sont vus comme des exemples par les femmes plus jeunes du parti, comme des personnes de qui elles peuvent apprendre. Il en est de même avec les camarades qui sont Noirs. Nous passons tous par cette expérience. Quand vous trouvez quelqu'un comme vous, à qui vous pouvez vous identifier, cela vous aide à développer la confiance nécessaire pour progresser.

Mais ce que nous recherchons, ce ne sont pas des dirigeants noirs du parti. Nous avons besoin de dirigeants du parti qui sont noirs. Pas de dirigeants chicanos du parti, de dirigeantes femmes du parti ou de dirigeants ouvriers du parti, mais de dirigeants pleinement développés du parti, vus comme tels par l'ensemble du parti, et qui sont noirs, chicanos, portoricains, femmes et travailleurs industriels.

Pas des dirigeants qui ne prennent de responsabilité que pour une seule section du parti ou d'un domaine de travail mais des dirigeants qui assument des responsabilités globales, qui dirigent le travail de tout le parti.

La décision que nous prenons à cette réunion du Comité national est importante pour le développement d'une telle direction parce que c'est dans la classe ouvrière industrielle que se développera la direction prolétarienne. L'industrie ne sera pas le seul endroit, parce que les luttes des travailleurs et des opprimés se produisent parmi d'autres couches exploitées dans les grandes et les petites villes, les régions rurales et divers lieux de travail. Mais c'est principalement dans l'industrie que nos dirigeants développeront l'expérience et la confiance, et c'est de là qu'ils émergeront. Cela est vrai de manière universelle, ça s'applique à l'ensemble du parti.

Pas d'autres voies

Nous n'avons pas différentes voies pour développer une direction. Nous ne pouvons pas avoir de voies différentes pour les Caucasiens et les Noirs, pour les hommes et les femmes, pour les cadres plus ou moins expérimentés. Si nous avions des critères différents pour différentes personnes, les élections à la direction deviendraient une supercherie.

Notre travail dans l'industrie, de même que notre intégration dans l'industrie, sont la principale responsabilité de direction de tous les cadres. C'est de là que viendront la prochaine direction du parti prolétarien, sur le plan historique, et les dirigeants de la prochaine étape du mouvement de masse.

C'est vrai non seulement pour la future aile gauche de lutte de classe dans les syndicats, mais aussi pour le mouvement noir, le mouvement chicano, le mouvement portoricain et le mouvement des femmes. C'est d'ici que viendront les dirigeants capables de faire progresser ces luttes et non des rangs des avocats, des prédicateurs, des professeurs, des imposteurs syndicaux, des politiciens petits-bourgeois ou des anciens hauts fonctionnaires du gouvernement. On les trouvera dans la classe ouvrière américaine et c'est là que nous devons aller pour les gagner.

Il y a un autre aspect à cette question. En réfléchissant à ce rapport, je suis retourné lire *La lutte pour un parti prolétarien*. J'ai été frappé par un point que je n'avais pas vu aussi clairement dans mes lectures précédentes : l'importance accordée par Jim Cannon aux *attitudes* envers la direction et l'organisation.

Il a énuméré plusieurs caractéristiques des dirigeants prolétariens. Le *sérieux* vis-à-vis de l'organisation de la direction. L'*objectivité*. Subordonner toute considération personnelle et *mettre le parti en premier*. Adopter une *attitude professionnelle* à son égard. S'opposer de façon implacable aux commérages, au cynisme, aux comportements bureaucratiques et à l'hypersensibilité face à la critique. Tous ces traits, a souligné Jim, sont des attitudes prolétariennes envers le parti.

Ce n'était pas seulement l'opinion de Cannon. C'était aussi celle de Trotsky, à partir de l'expérience de Lénine et des bolcheviks. Trotsky a fait l'éloge de *La lutte pour un parti prolétarien* en disant que c'était « le texte d'un véritable dirigeant des travailleurs. » Il a fait ressortir le même point dans les articles et lettres polémiques sur la direction et l'organisation qu'on peut retrouver dans *In Defense of Marxism*. Nous avons intégré cette conception dans le programme fondamental du SWP, y compris notre résolution de 1965 sur les normes et les principes du parti, *The Organizational Character of the Socialist Workers Party*.

Sur ces questions, *la clé, c'est l'objectivité*. Pour diriger et donner l'exemple sur la question de l'organisation, sur la question de la direction, nous devons avant tout être objectifs et non subjectifs. Le point de départ ne doit pas être « moi et le mien » mais « nous et le nôtre. » Il faut partir des besoins du parti, des besoins de la classe ouvrière.

Les travailleurs de l'acier luttent pour reconquérir leur syndicat

Au début de 1977, Jack Barnes a visité neuf villes, de Pittsburgh et Cleveland à Houston, Chicago, Détroit et la baie de San Francisco, pour discuter avec des travailleurs du mouvement Les Métallos ripostent [1].

Ed Sadlowski, le dirigeant des Métallos ripostent et le président du district 31 des Métallurgistes unis d'Amérique à Chicago et dans le nord-ouest de l'Indiana, était candidat à la présidence des Métallos pour déloger l'administration d'I. W. Abel, qui travaillait main dans la main avec les patrons de l'acier. Abel a démissionné plutôt que de relever le défi et a désigné son lieutenant Lloyd McBride pour le remplacer.

La liste des Métallos ripostent comprenait aussi Oliver Montgomery comme vice-président aux affaires humaines, Marvin Weinstock comme vice-président aux affaires administratives, Nash Rodriguez comme secrétaire, Andrew

---

1. Voir le glossaire : Métallos ripostent, Les ; Accord expérimental de négociation ; Métallos.

Kmec comme trésorier et Jim Balanoff, qui a été élu président du district 31. Lors du vote tenu le 7 février 1977, on a attribué 238 150 voix à Ed Sadlowski et 324 500 à Lloyd McBride.

Dans ses numéros des 8 et 15 avril 1977, le *Militant* a publié une interview de Jack Barnes sur l'importance des Métallos ripostent. Nous reproduisons ici des extraits des réponses de Barnes aux questions du journaliste.

La démocratie syndicale, le droit de grève, la nécessité d'un syndicat qui s'oppose au patron : voilà les questions décisives pour le mouvement Les Métallos ripostent.

Le fait qu'*on a compté* près d'un quart de million de votes pour l'équipe d'Ed Sadlowski montre la véritable victoire : le début de la mobilisation de milliers de métallos dans une lutte pour reprendre le contrôle de leur syndicat. Voilà la victoire des Métallos ripostent.

Contrairement à ce qu'on a souvent rapporté, la division parmi les métallos ne s'est pas faite entre les petits ateliers et l'acier de base, mais plutôt en fonction de leurs privilèges relatifs, de leur âge et de leur attitude politique.

Ed Sadlowski a remporté le vote dans de nombreux ateliers plus petits, qui ont des échelles de salaires, des conditions de travail et une représentation syndicale inférieures à l'acier de base. C'est de là qu'avaient émergé les idées des Métallos ripostent.

Il semble que Sadlowski a obtenu la majorité des votes dans l'acier de base, ce qui est extrêmement significatif en tant que vote de méfiance à l'endroit de la direction d'Abel. Il s'agit d'un vote de rejet de l'Accord expérimental de négociation (ENA) et de sa clause antigrève dans l'acier de base.

Mais de manière générale, Lloyd McBride a eu le soutien des travailleurs les plus qualifiés, ayant le plus d'ancienneté

« La démocratie syndicale, le droit de grève, un syndicat qui se défend contre le patron : telles étaient les questions clés pour le mouvement Les Métallos ripostent. »

En haut : Ed Sadlowski, candidat à la présidence du syndicat pour le mouvement Les Métallos ripostent, parle à Détroit le 5 février 1977. « Les Métallos ripostent soutenaient les mesures pour combattre la discrimination contre les Noirs, les Chicanos et les femmes au travail, dans le syndicat et dans la société, » explique Jack Barnes.

Encadré : Tract avec la liste des candidats des Métallos ripostent. Le titre dit : « C'est l'heure pour un changement !!! »

En bas : Ed Sadlowski fait campagne à l'usine de la US Steel à Chicago en août 1976. Les travailleurs du rang ont utilisé cette campagne pour défier la bureaucratie des Métallos et lutter pour le contrôle démocratique de leur syndicat.

« Les mineurs ont gagné des comités syndicaux de sécurité au travail capables d'arrêter la production en cas de danger et, avec les Mineurs pour la démocratie, ils ont gagné le droit de voter sur les contrats de travail. »

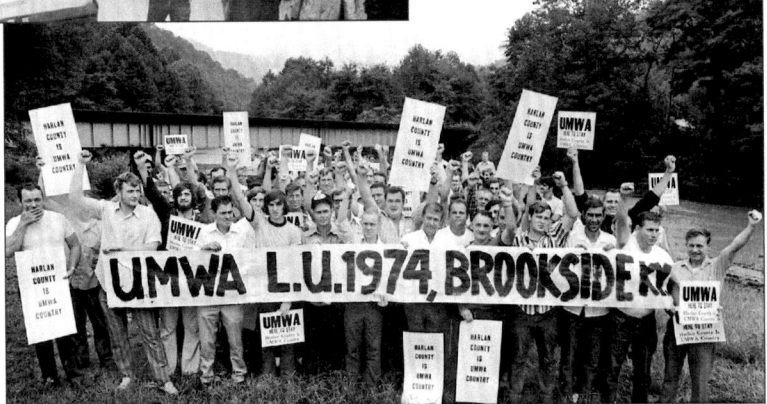

ROBERT GUMPERT/APPALSHOP ARCHIVE

En haut : Charleston, Virginie-Occidentale, février 1969. Les mineurs exigent des mesures contre l'anthracose (maladie du poumon noir). Après une grève de 40 000 mineurs, le gouverneur a ratifié une loi obligeant les entreprises à payer une compensation financière pour les maladies invalidantes. Ces mobilisations ont donné naissance aux Mineurs pour la démocratie, qui ont obtenu un plus grand contrôle des rangs sur le syndicat.

En bas : Comté de Harlan, Kentucky, 1974. Mineurs en grève pour la reconnaissance du syndicat dans une mine de Duke Power. Leur lutte victorieuse a reçu un soutien national, surtout après qu'un contremaître de la compagnie a tué un jeune gréviste.

En haut : Mineurs en grève manifestant à Washington en mars 1978. Quelque 160 000 mineurs ont mené une grève de 110 jours qui a repoussé les tentatives des patrons de leur imposer des concessions. Ils ont défié l'ordre de retour au travail de l'administration Carter, imposé dans le cadre de la loi Taft-Hartley. La pancarte dit : « Si nous n'atteignons pas notre but, nous n'extrairons pas de charbon. »

Au centre : Avril 1977. À la porte des aciéries aux États-Unis, les travailleurs socialistes ont vendu 4 000 exemplaires du numéro du *Militant* reproduisant le texte officiel du nouveau contrat des Métallos.

En bas : Galatia, Illinois, novembre 2011. Vente de la presse socialiste à l'entrée d'une mine. Les ventes régulières du *Militant* aux portes des usines sont « essentielles pour appuyer de l'extérieur les fractions du parti à l'intérieur des usines, » explique Jack Barnes.

« Bien compris, le travail syndical signifie trouver les façons d'impulser le développement d'une avant-garde ouvrière de masse qui pense socialement et agit politiquement. »

En haut : Richmond, Virginie, janvier 1980. Un contingent des UMWA lors d'une manifestation de 5 000 personnes, soutenue par les syndicats, en faveur de la ratification de l'Amendement pour l'égalité des droits. Celles qui portent la bannière sont des dirigeantes du Projet d'emploi dans les mines de charbon, une organisation qui a aidé des femmes à devenir mineures de charbon.

En bas : Lancement d'une tournée de conférences aux États-Unis par le syndicaliste sud-africain Drake Koka, qui a expliqué la place des syndicats dans la lutte contre l'apartheid. Des mineurs de Virginie-Occidentale, dont des travailleurs socialistes, ont aidé à organiser un meeting avec Drake Koka.

et qui sont relativement plus privilégiés. C'est ce à quoi on peut s'attendre quand se posent des questions de classe aussi élémentaires.

Le deuxième facteur a été l'absence de documents écrits abordant directement les problèmes des travailleurs noirs, chicanos et ceux des femmes. Je suis convaincu que cela a nui aux Métallos ripostent.

Là où les candidats d'Ed Sadlowski ont parlé et là où les Noirs, les Chicanos et les travailleuses ont posé les questions difficiles, les dirigeants des Métallos ripostent ont donné d'assez bonnes réponses. Ils appuyaient la représentation égale des minorités et des femmes parmi les dirigeants et le personnel du syndicat. Ils favorisaient une série de mesures spécifiques contre la discrimination au travail et dans le syndicat. Ils disaient qu'il faudrait utiliser le pouvoir des syndicats pour lutter contre la discrimination et la ségrégation dans toute la société.

Mais le manque de textes traitant directement de ces besoins, l'incapacité de mettre au centre de la campagne des Métallos ripostent cet appel aux travailleurs les plus opprimés, ça a nui.

Les travailleurs étaient convaincus, par les discours de l'équipe de Sadlowski et par leurs propres expériences, que si la liste de Sadlowski l'avait emporté, le simple fait d'avoir de nouvelles têtes à la direction, ne pourrait rien résoudre dans le syndicat des Métallos. Seules la mobilisation et l'organisation des rangs pourraient y arriver.

À certains égards, le défi le plus important auquel les dirigeants des Métallos ripostent font face maintenant, c'est d'être déterminés à poursuivre la lutte en s'organisant avec la confiance qu'ils pourront attirer non seulement les centaines de milliers de travailleurs qui ont voté pour eux, mais aussi les millions d'autres qu'ils rejoindront.

Ce qui est important, c'est de trouver une façon de maintenir l'intérêt au niveau national. Jusqu'au 8 février, toute l'attention au niveau national était tournée vers l'élection. À présent, les dirigeants des Métallos ripostent doivent trouver un nouveau point d'intérêt : une publication, une réponse aux conditions dans les aciéries, une réponse à l'offensive patronale qui continuera à s'abattre sur les emplois, les salaires, les conditions de travail et à viser les métallos militants.

Le mouvement tend à établir des liens avec les travailleurs d'autres industries. On a besoin d'un mouvement des Métallos ripostent dans chaque syndicat de ce pays.

Cette lutte pour la démocratie syndicale et la lutte pour défendre les intérêts des travailleurs contre les employeurs seront de mieux en mieux accueillies à mesure que les conflits se multiplieront. Les conditions qui prévalent dans ce pays et l'incapacité des employeurs à continuer à faire des concessions comme par le passé, inciteront des millions et des millions de travailleurs américains à riposter.

∼

Je suis allé écouter le discours final de la campagne d'Abel à Pittsburgh. Il croit vraiment que la seule façon de sauver le syndicat, qu'il identifie à sa personne et à ses semblables, est de faire cause commune avec les patrons et de compter sur leur bonne volonté.

Voici sa vision du syndicalisme : « Nous contribuons autant que nous recevons. Nous ne sommes pas une organisation de « mendiants ». Nous avions la réputation bien méritée d'être des fauteurs de grève [2]. L'ENA a tranché cette question. »

---

2. I. W. Abel faisait référence à la grève de 116 jours de 450 000 métallos en 1959, la plus grande action aux États-Unis entre la vague de luttes

Apparemment, Abel croit que ces grèves ont eu lieu parce que le syndicat exigeait trop, un point de vue qu'il a sans aucun doute repris des dirigeants de l'acier qu'il fréquente.

Ce qui ressort aussi clairement de son discours, c'est à quel point la question des importations est intimement liée à l'accord antigrève. Voici ce qu'il a expliqué : « Les importations, c'est le plus grand danger pour notre bien-être et notre sécurité nationale. L'ENA était la réponse à cette menace. L'ENA vise à stabiliser notre industrie et à protéger nos marchés. »

Vous pouvez voir comment Abel s'identifie entièrement aux intérêts des capitalistes. *Notre* industrie... *nos* marchés... *notre* sécurité nationale. C'est la voix des *patrons* de l'acier, pas celle des métallos... .

Abel partage le mépris des capitalistes pour les travailleurs. Il s'est servi de son discours pour ridiculiser les déclarations de Sadlowski sur leurs capacités intellectuelles.

« Ces gens-là disent que les métallos sont capables de devenir des médecins, des auteurs-compositeurs et des poètes. » Abel l'a dit avec un ton très sarcastique, comme si seul un idiot pouvait penser une chose pareille.

C'est « irresponsable ».

Voilà la mentalité et le programme de la bureaucratie : collaboration totale avec les patrons, « notre » industrie contre les étrangers, défense du système capitaliste.

La bureaucratie a fait tout son possible pour balayer l'idée que vous pouvez lutter contre les employeurs et utiliser le pouvoir des syndicats pour les vaincre.

Les Métallos ripostent ont commencé à changer cette situation. Mais il y a de nombreux travailleurs qui

---

ouvrières qui a suivi la seconde guerre mondiale et la reprise des luttes dans les régions minières dans les années 70.

doivent encore apprendre dans la lutte qu'ils peuvent faire des gains en ripostant.

Lorsque les travailleurs américains reprendront le contrôle de leurs syndicats et les utiliseront comme des instruments de lutte pour défendre *leurs* intérêts de classe, ils seront la plus grande force sur terre.

Vingt-cinq leçons : la première année du tournant

Voici les principaux extraits d'un rapport adopté, à 121 voix contre 1, par les délégués au congrès du Parti socialiste des travailleurs du 5 au 11 août 1979. Le rapport de Jack Barnes s'appuyait sur la première année et demie d'expérience politique pratique dans la classe ouvrière industrielle et les syndicats d'une nouvelle génération de membres du parti engagés dans des luttes sociales et ouvrières de toutes sortes.

I.

Lors de notre réunion du Comité national de février 1978, nous avons voté de diriger le parti vers l'industrie. Nous avons décidé d'agir immédiatement pour placer la grande majorité des membres et des dirigeants du Parti socialiste des travailleurs dans des emplois industriels et des syndicats industriels pour faire du travail politique en faisant partie des secteurs décisifs de notre classe.

Nous avions pris cette décision après avoir observé l'état de l'économie mondiale et les changements survenus dans la politique mondiale après la défaite de l'impérialisme américain au Vietnam et la récession mondiale de 1974-1975. Pour la première fois depuis la fin des années 40, les changements économiques et politiques dans ce pays, et en particulier la combativité et la conscience de classe qu'on voyait se développer parmi les travailleurs américains et la polarisation de classe qui en résultait, ont permis au SWP de faire du travail politique dans les secteurs décisifs de notre classe. Nous avons décidé de tout subordonner à cet effort pour nous mettre en position de profiter au maximum de cette ouverture.

Le Comité politique a rédigé la résolution politique présentée aux délégués à ce congrès après avoir revu les progrès de notre tournant vers l'industrie au cours de la dernière année et demie ainsi que les événements nationaux et internationaux. En mai 1979, le Comité national a adopté la résolution à l'unanimité. Il l'a ensuite soumise aux branches pour qu'elles la discutent. Les branches ont élu leurs délégués au congrès sur la base du résultat du vote sur cette résolution [1]. Cette résolution examine la situation politique mondiale et son impact sur la politique américaine, et vice-versa. Elle examine la continuité de notre programme et de notre cours politiques tout au long de la radicalisation des deux dernières décennies et les leçons que nous avons tirées des premières expériences des fractions syndicales que nous construisons.

---

1. On peut trouver un extrait de cette résolution de 1979, « Construire un parti révolutionnaire de travailleurs socialistes, » dans *Le visage changeant de la politique aux États-Unis* de Jack Barnes.

Le parti a eu maintenant plusieurs mois de discussions et de débats, tant par écrit dans le bulletin interne que lors des réunions de branche hebdomadaires. Plusieurs camarades ont soumis une résolution alternative intitulée « Contre le tournant ouvriériste : une critique et quelques propositions » que les membres ont également considérée. Nous avons eu l'une des discussions précongrès les plus riches depuis des années, en nous appuyant sur l'expérience concrète et pratique du parti dans la classe ouvrière et les syndicats industriels. Les camarades auront la chance de poursuivre cette discussion lors de ce congrès. Ils pourront alors voter sur le cours politique du parti et élire un Comité national pour diriger sa mise en oeuvre.

Afin de clarifier le plus possible les principales questions politiques discutées par les délégués, nous ramènerons ces questions à 25 points qui résument l'essence du cours politique du parti.

Le Vietnam et le déclin de l'impérialisme américain
Un. La guerre du Vietnam a changé la politique américaine de fond en comble. Ce qui était auparavant considéré comme impossible, voire impensable, *est arrivé*.

Cela s'est produit péniblement et sur une longue période. Péniblement pour la classe dirigeante, qui ne pouvait pas le croire. Et péniblement pour la classe ouvrière, qui a payé de son sang l'arrogance de classe des employeurs. Cela s'est produit de plus en plus sous les yeux de toute la population américaine par le biais de la télévision. C'est arrivé aux fils, pères, neveux, maris et voisins de millions et de millions d'Américains.

Et lentement mais sûrement, la classe ouvrière américaine a consciemment tiré des conclusions. Depuis que les troupes américaines ont été retirées de l'Asie du Sud-Est en 1973, « Pas d'autre Vietnam ! » est peut-être devenu le slogan le plus populaire dans ce pays.

Cette méfiance envers la politique étrangère américaine et la réticence à se battre dans les guerres de Washington ont été renforcées au début des années 70 par ce qu'on a appelé les révélations du Watergate sur l'espionnage téléphonique et les cambriolages par la Maison-Blanche de Richard Nixon contre ses opposants politiques capitalistes. Elles ont révélé les opérations secrètes d'espionnage et de déstabilisation du FBI et des autres agences gouvernementales sous les administrations démocrates et républicaines contre le mouvement ouvrier, les opposants aux guerres impérialistes, les combattants pour la libération des Noirs et pour l'émancipation des femmes, ainsi que le Parti communiste, le Parti socialiste des travailleurs et d'autres organisations identifiées comme communistes.

Ces opérations de la police politique ont connu leur plus grande impulsion initiale pendant les années du New Deal et du War Deal de Franklin Roosevelt [2]. Ces attaques ont culminé avec l'inculpation et l'emprisonnement de dirigeants du Parti socialiste des travailleurs et du syndicat des Teamsters dans le Midwest, pour leur campagne au sein du mouvement ouvrier contre les objectifs de guerre impérialistes des États-Unis et contre les gels de salaire, les engagements à ne pas faire grève et les autres mesures

---

2. Élu au pire moment de la grande dépression, Roosevelt a lancé en 1933-1934 ce qu'il a appelé le New Deal, un ensemble de réformes visant à canaliser et désamorcer la puissante montée de résistance ouvrière, qui menaçait le pouvoir capitaliste. Mais la promesse du New Deal de mettre fin à la crise capitaliste et de remédier au chômage généralisé n'a commencé à se concrétiser qu'au moment où il s'est transformé en War Deal à la fin des années 30, avec l'entrée des États-Unis dans la deuxième guerre mondiale impérialiste en décembre 1941.

anti-ouvrières des dirigeants capitalistes et de leurs alliés pour ligoter les syndicats au nom de l'unité nationale [3].

~

Deux. L'impact continu de la défaite de Washington au Vietnam influe directement sur l'un des plus grands facteurs dans la politique mondiale : les obstacles croissants que rencontrent les dirigeants américains en tentant, comme ils en ont l'habitude, d'utiliser leur puissance militaire contre les travailleurs et les masses laborieuses du monde entier.

Au cours des cinq dernières années, notre classe a remporté des victoires et progressé à la Grenade, au Nicaragua, en Iran, au Vietnam, au Kampuchéa (Cambodge) et au Laos, en Angola et dans les autres anciennes colonies portugaises et en Éthiopie [4]. Les masses laborieuses du monde colonial ont démontré à maintes reprises leur capacité de se remettre des défaites et de la répression brutale de régimes violents.

Nous n'aurions pas pu demander un exemple plus inspirant ou convaincant que celui du peuple nicaraguayen, qui a chassé le tyran Anastasio Somoza et le *somozisme* de son pays il y a un peu plus de deux semaines, le 19 juillet, malgré la violence impitoyable de la garde nationale du régime.

L'impérialisme américain a découvert que les partenaires subalternes sur lesquels il s'appuie, les soi-disant

---

3. Le 8 décembre 1941, 18 dirigeants de la section locale 544-CIO et du Parti socialiste des travailleurs, condamnés par un tribunal fédéral pour « conspiration en vue de préconiser le renversement du gouvernement américain, » ont été condamnés à des peines allant de 12 à 16 mois de prison. C'étaient les premières condamnations prononcées en vertu de la loi du bâillon de Smith, promulguée par Roosevelt en juin 1940.

4. Voir le glossaire : Grenade, révolution à la (1979-1983) ; Nicaragua, révolution au ; Iran, révolution en ; Vietnam ; Cambodge ; Angola ; Éthiopie, révolution en (1974).

substituts, les figures réactionnaires comme Somoza et le shah d'Iran, peuvent de moins en moins freiner la lutte de classe pour leurs maîtres impériaux et pour eux-mêmes.

Nous avons vu la prépondérance croissante du prolétariat et des masses urbaines semi-prolétaires dans les soulèvements révolutionnaires de ces pays. Près de 39 pour cent de la population mondiale vit en zone urbaine en 1978, contre 31 pour cent il y a seulement un quart de siècle [5].

Ce sont les progrès mêmes des bourgeoisies néocoloniales, sous la tutelle de l'impérialisme, et leur besoin d'extraire de la plus-value qui accélèrent la ruine des producteurs agricoles et favorisent la croissance d'un prolétariat qui se retourne alors contre ses créateurs et les mord. C'est ce que la bourgeoisie appelle de l'ingratitude !

En dépit de ces limitations politiques, l'impérialisme américain demeure la seule puissance militaire stratégique du capitalisme mondial. Le budget militaire de Washington, la taille et la diversité de ses armes conventionnelles et de son arsenal nucléaire ne cessent d'augmenter. Les dirigeants américains reportent le retrait de leurs unités de combat de Corée du Sud [6]. Ils annoncent la création de nouvelles forces de frappe nucléaires. Les propositions faites pour rétablir l'inscription sélective au service militaire et la conscription obligatoire prolifèrent à Washington [7]. En dépêchant un porte-avions au large de

---

5. En 2018, quelque 55 pour cent de la population mondiale vivait dans des villes et les grandes agglomérations urbaines.

6. En 1979 lorsque ce rapport a été adopté, 39 000 soldats américains étaient déployés en Corée du Sud. Quarante ans plus tard, il y en a toujours 28 500. C'est le troisième plus grand déploiement américain à l'étranger, après ceux au Japon et en Allemagne.

7. La conscription militaire elle-même devenue, pendant la guerre du Vietnam, la cible d'une opposition de masse parmi les travailleurs et les

l'Indochine, en expédiant des « conseillers » et des navires de guerre au Yémen et dans le golfe Arabique ou en parlant de leur détermination à protéger « nos » réserves de pétrole en Arabie saoudite, ils lancent des ballons d'essai pour voir jusqu'où ils peuvent pousser leur agression.

Ce qui explique tout cela, c'est la contradiction fondamentale de l'impérialisme américain. Il doit pouvoir intervenir militairement dans le monde pour répondre aux défis révolutionnaires lancés à la domination capitaliste. Mais pour y arriver, la classe dirigeante doit s'attaquer à la classe ouvrière américaine, qui voit de moins en moins d'enjeux dans les aventures militaires de Washington à l'étranger. Cette contradiction a beaucoup de poids dans la politique mondiale [8].

Trois. La crise politique limitant la capacité de la bourgeoisie américaine d'utiliser sa puissance militaire se produit dans le cadre de la crise croissante du capitalisme américain et mondial, qui a commencé au début des années 70.

La crise économique du capitalisme
Le système capitaliste international est entré dans une longue période menant à une stagnation économique avec des poussées occasionnelles d'inflation explosive. La vaste expansion capitaliste, qui a beaucoup caractérisé le quart

---

jeunes, a pris fin en 1973 sous l'administration républicaine de Richard Nixon. Mais en juillet 1980, l'administration démocrate de James Carter et le Congrès ont rétabli l'inscription au service militaire pour tous les hommes éligibles âgés de 19 et 20 ans.

8. La résolution de 2005 du SWP intitulée « Leur transformation et la nôtre » décrit l'évolution de la politique militaire impérialiste des États-Unis pendant le quart de siècle qui a suivi l'adoption de ce rapport. On la trouve dans le septième numéro de la revue *Nouvelle Internationale*.

de siècle qui a suivi la deuxième guerre mondiale, est derrière nous. À cette stagnation économique se superpose, même dans les pays capitalistes les plus stables, une tendance croissante à l'éclatement de crises sociales et politiques, qui ébranlent les relations sociales du capitalisme.

Bien sûr, le capitalisme américain peut toujours faire quelques concessions aux travailleurs. Il le peut, il en a fait et il en fera davantage à mesure que la lutte de classe se développera. Mais ce qui n'est plus possible, ce sont des concessions économiques majeures et stables telles qu'une nouvelle et gigantesque extension de la sécurité sociale.

Au cours de la dernière décennie, nous sommes passés d'une inflation constante, qui s'est accélérée avec l'escalade de la guerre du Vietnam, à l'offensive anti-ouvrière que l'impérialisme américain a lancé en 1971 avec le gel des salaires et les autres mesures de Nixon visant à « matraquer le mouvement syndical. »

Cette offensive a été suivie en 1973 de pénuries artificielles de viande et de pétrole à travers les États-Unis. Les prix ont grimpé dans les rayons de viande. Les conducteurs ont dû faire de longues files d'attente dans les stations-service et, lorsqu'ils arrivaient à faire le plein, c'était à des prix de plus en plus élevés. Les travailleurs ont dû vivre dans des habitations et des maisons froides ou sans aucun chauffage pendant une grande partie de l'hiver. L'inflation a dépassé les 10 pour cent et a été suivie du ralentissement économique mondial de 1974-1975, qui a déclenché la plus grande série de licenciements et d'attaques contre le niveau de vie des travailleurs depuis l'entrée de Washington dans la seconde guerre mondiale [9].

L'offensive de la classe dirigeante vise à affaiblir les principales organisations de classe des travailleurs américains,

---

9. Voir le glossaire : Gel des salaires et des prix (1971) ; Récession (1974-1975).

nos syndicats. Les patrons cherchent à accroître leur taux de profit en intensifiant l'exploitation des travailleurs, ils doivent donc s'en prendre aux syndicats industriels. Ils n'ont pas d'autre choix.

Ceci ne veut pas dire que les capitalistes ont pour objectif immédiat de détruire les syndicats industriels. Lorsque les patrons et leur gouvernement se sentiront tactiquement prêts à le faire, vous n'aurez pas à vous le faire dire dans un congrès du SWP ou à le lire dans une résolution. Mais *aujourd'hui*, les patrons cherchent à systématiquement affaiblir, miner et faire reculer les syndicats industriels de toutes les façons possibles. Ils tâtent le terrain pour voir combien ils peuvent reprendre aux travailleurs et jusqu'où ils peuvent aller en attaquant les contingents organisés les plus puissants de la classe ouvrière américaine.

La classe dominante américaine applique cette politique depuis presque dix ans et elle accélère sa mise en oeuvre depuis 1975.

Sans lutter pour transformer les syndicats industriels en instruments révolutionnaires de lutte de classe, notre classe ne pourra absolument pas prévenir les effondrements sociaux, les catastrophes, l'incertitude et l'insécurité persistantes et la menace de guerres impérialistes qui s'abattent de plus en plus lourdement sur les travailleurs.

La classe dirigeante ne peut planifier d'avance ce qu'elle fera : quand mettre la pression et quand reculer. Elle ne contrôle pas l'économie : le capitalisme est un système anarchique. Les patrons font face à une concurrence accrue, ici comme au niveau international, à des incertitudes croissantes et bien souvent à leurs propres problèmes, qui montent en flèche. Pragmatiques par la force des choses, ils sont poussés à donner la priorité au court terme plutôt qu'au long terme. Les forces économiques et sociales sont non seulement hors de notre contrôle, mais souvent hors du contrôle des capitalistes mêmes qui doivent prendre des mesures mettant ces forces en mouvement.

∽

Quatre. Les travailleurs américains comprennent de plus en plus qu'on ne peut plus espérer de nouvelles périodes fastes. Ce changement de conscience s'est fait lentement.

À ses débuts, l'offensive capitaliste pour reprendre le terrain perdu a frappé en particulier les services sociaux, les enseignants et autres employés du secteur public, en particulier à New York mais aussi dans l'ensemble des États-Unis. Les inégalités raciales demeurent profondément enracinées, avec des millions de jeunes Noirs poussés au chômage plus longtemps. La première récession mondiale en 35 ans et le plus haut taux de chômage parmi les travailleurs de ce pays depuis la période précédant la seconde guerre mondiale ont couronné le tout en 1974-1975.

La reprise qui a suivi cette récession a été longue, mais faible et inégale, avec des niveaux de chômage toujours élevés malgré une augmentation des emplois. Le taux de chômage officiel au cours de la reprise est resté plus élevé qu'aux pires moments des récessions de 1948, 1954 et 1970. L'inflation a de nouveau dépassé 10 pour cent cette année et une nouvelle récession a commencé.

Une crise d'expectatives

À quoi nous amène tout cela ? Ces expériences changent les attitudes, les attentes et la conscience des travailleurs américains. D'abord abasourdis par le caractère subit et féroce de l'attaque, les travailleurs sont de plus en plus prêts à riposter.

La population réagit avec plus de scepticisme à chaque nouvel effondrement ou crise capitaliste. Par exemple, moins de travailleurs croient à la propagande voulant que les « Arabes » provoquent la crise actuelle du pétrole. De plus en plus d'entre eux pensent que ce sont les monopoles pétroliers qui l'ont causée. Vous pouvez penser à d'autres exemples.

Chaque nouveau ballon d'essai de Washington au sujet d'une possible intervention militaire à l'étranger, chaque menace de nouvelle guerre provoquent une réaction hostile.

La récente grève nationale des camionneurs indépendants pour obtenir des tarifs plus élevés leur permettant de compenser la montée en flèche des coûts du diesel a trouvé plus d'appuis que les actions précédentes. Les camionneurs n'ont pas obtenu ce qu'ils demandaient. Mais le soutien qu'ils ont obtenu auprès des travailleurs syndiqués et non syndiqués, y compris de la part de nombreux membres des Teamsters, a forcé la direction de ce syndicat à adopter une position moins ouvertement hostile qu'auparavant. Cela contrastait avec le rôle de briseurs de grève que les bureaucrates ont clairement joué contre les transporteurs d'acier indépendants l'année dernière. Ils avaient alors collaboré étroitement avec les patrons de l'acier et le FBI [10].

Dans le cadre de leur campagne contre la faillite frauduleuse de la compagnie Milwaukee Road, les cheminots du Minnesota ont eu un trait de génie en produisant un macaron et un T-shirt portant le simple slogan « Enquêtez sur le Milwaukeegate. » Les travailleurs portent ce badge d'un bout à l'autre de la ligne desservie par la Milwaukee Road dans un geste de défi à la direction. Ils n'ont pas eu besoin d'ajouter un seul mot pour se faire comprendre de n'importe quel travailleur. Ils n'ont eu qu'à brandir le mot « Milwaukeegate » pour raconter leur histoire [11].

---

10. Voir le glossaire : Camionneurs indépendants.

11. Voir le glossaire : Milwaukee, Chemin de fer de (Milwaukee Road), et l'offensive des transporteurs de fret.

Les travailleurs adorent ces macarons. Les patrons et le gouvernement les détestent.

∼

Cinq. Pourquoi ceci se produit-il ? Pourquoi voyons-nous ces germes de conscience de classe aujourd'hui ? Cela reflète-t-il plus que l'impact de la crise et de ses effets ?

Ici, nous devons nous pencher sur la structure et la composition changeantes de la classe ouvrière américaine ainsi que sur les luttes sociales et politiques qui se sont développées en dehors du mouvement syndical et qui ont pavé la voie aux batailles d'aujourd'hui.

Au cours du dernier quart de siècle, nous avons assisté à une montée des luttes des Noirs dans ce pays, qui ont stimulé les luttes des Chicanos, des Portoricains et des femmes. Ces luttes ont précédé l'actuelle radicalisation ouvrière, mais elles commencent à se lier les unes avec les autres.

Les luttes pour les droits civils et les droits des femmes ont modifié à jamais les attitudes sociales et politiques. Elles ont amélioré le rapport de force entre les classes, rehaussé la confiance en soi des couches opprimées de la classe ouvrière et aidé l'ensemble de la classe ouvrière à mieux comprendre ses intérêts de *classe* communs, qui comprennent lutter contre la discrimination raciale et sexuelle. Nous avons vu la place d'avant-garde et le poids social des travailleurs qui sont noirs dans la transformation du mouvement ouvrier américain.

La composition changeante de la classe ouvrière

La composition de la classe ouvrière américaine diffère de manière frappante de ce qu'elle était il y a plusieurs décennies. Au cours des 19 dernières années, le nombre de femmes dans la force de travail a bondi de 33 à 42 millions. Si l'on remonte à la période juste après la seconde guerre mondiale,

« Les camionneurs indépendants luttent pour des tarifs plus élevés afin de couvrir l'augmentation du prix du carburant et des autres frais. »

WILLIAM SEAMAN/MINNEAPOLIS STAR

ARNOLD WEISSBERG/THE MILITANT

En haut : Afton, Minnesota, juin 1979. Des camionneurs indépendants en grève bloquent les points de ravitaillement en diesel dans tout l'État.

En bas : Les ouvriers de l'usine de pièces automobiles Hyatt Roller Bearing, au New Jersey, se joignent aux manifestations nationales de 1979 contre les prix exorbitants imposés par les magnats du pétrole.

« Les luttes pour les droits des Noirs et des femmes ont modifié les attitudes des travailleurs les uns envers les autres. Elles ont renforcé l'unité de la classe ouvrière et sa conscience de devoir faire siennes les luttes contre la discrimination raciale et sexuelle. »

MARK SATINOFF/THE MILITANT

En haut : Grève de 1968 des éboueurs à Memphis, au Tennessee. Elle reflétait la confiance et la combativité des travailleurs qui sont des Noirs dans la lutte pour mettre fin au système de ségrégation de Jim Crow dans le Sud.

En bas : Washington, novembre 1971. Trois mille personnes participent à la première marche nationale pour l'abrogation de toutes les lois limitant le droit des femmes de choisir l'avortement.

Vingt-cinq leçons 91

le taux de participation des femmes à la population active est passé de 31 pour cent en 1948 à 51 pour cent aujourd'hui.

En 1973, le gouvernement américain n'a recensé qu'une poignée de femmes travaillant sous terre dans les mines de charbon. Mais des femmes, dont des membres du Parti socialiste des travailleurs, se sont frayé un chemin dans les mines en se saisissant de l'article VII de la loi fédérale sur les droits civils de 1964, conquis dans la lutte et le sang par les batailles pour les droits des Noirs au cours du dernier quart de siècle. Il y avait près de 2 000 femmes travaillant dans les mines de charbon en septembre 1978 et plus de 2 500 au printemps de 1979. De tels chiffres continuent d'augmenter [12].

Ces changements affectent les attitudes politiques et sociales des travailleurs et donnent un caractère explosif à leurs réactions face à l'offensive antisyndicale des employeurs.

Le premier grand test, aussi bien pour les employeurs que pour les travailleurs, a eu lieu en 1977-1978, quand la classe capitaliste et son gouvernement ont pris pour cible les Mineurs unis d'Amérique dans le but de porter un coup dur à cet important syndicat industriel. Forts de la solidarité de l'ensemble du mouvement syndical, les mineurs ont contraint les exploitants des mines de charbon et l'administration Carter à céder. À travers le pays, les travailleurs ont découvert au cours de la grève du charbon

---

12. En 2019, plus de 76 millions de femmes faisaient partie de la population active, soit 57 pour cent des femmes adultes. (Le taux de participation des femmes a culminé à plus de 60 pour cent au début de 2001 et a depuis baissé à un niveau comparable à celui des années 80.) Avec la forte diminution des emplois dans les mines de charbon, qui sont passés d'environ 240 000 mineurs en 1978 à 39 000 en 2015, l'emploi des femmes dans les mines a chuté à un peu plus de 1 100 en 2015. Malgré la forte réduction des emplois dans les mines, on extrayait plus de charbon aux États-Unis en 2018 qu'en 1979.

que le syndicat ne se réduisait pas à sa faible bureaucratie : le syndicat, c'étaient les mineurs en lutte. Nous pouvons citer de nombreux autres exemples, alors que la classe dirigeante vise de plus en plus les travailleurs industriels et les syndicats industriels et qu'elle pousse ce secteur décisif de notre classe vers le devant de la scène politique américaine [13].

Les attaques elles-mêmes montrent de plus en plus clairement que derrière tous les développements politiques, il y a deux classes qui s'affrontent : nous et eux, les travailleurs et les capitalistes. Si l'on veut développer une stratégie gagnante pour une couche opprimée de la société ou pour un objectif social progressiste, il devient de plus en plus important de comprendre le poids social de ces deux protagonistes et le rapport de force qui existe entre eux.

Le Parti socialiste des travailleurs avait déjà prévu les principales tendances qu'on peut observer dans la classe ouvrière américaine aujourd'hui. Ce sont des tendances façonnées par l'effet combiné de la course au profit capitaliste dans le monde, des mouvements de protestation sociale des années 60 et 70 et des changements dans la composition de la force de travail. Nous répondons à ces nouveaux développements avec une organisation de cadres préparée par nos succès politiques et par notre expérience politique concrète des 15 dernières années.

∽

Six. La polarisation de classe s'approfondit aux États-Unis. Les travailleurs et d'autres couches de la population perçoivent de moins en moins la politique comme une simple confrontation entre le bien et le mal, entre des opinions

---

13. Voir le glossaire : Grève du charbon (1977-1978).

individuelles divergentes ou même entre une « droite » et une « gauche » désincarnées et déconnectées des forces de classe réelles.

« L'histoire de toute société jusqu'à nos jours est l'histoire des luttes de classe, » ont proclamé Marx et Engels dans les premiers paragraphes du Manifeste communiste. C'est le point de départ du marxisme, du matérialisme historique et du communisme. Toute politique reflète la lutte d'une classe contre une autre classe.

Classe contre classe
Mieux comprendre ce fait fondamental de la politique aide à mieux voir la voie à suivre pour résoudre les problèmes des opprimés et des exploités. Pour l'instant, le nombre de travailleurs qui comprennent ce fait demeure relativement petit. Mais beaucoup le comprendront dans l'avenir. La voie à suivre, c'est la mobilisation des travailleurs et de nos alliés afin de lutter pour un gouvernement des travailleurs et des agriculteurs qui pourra entreprendre la tâche d'édifier une société bénéficiant véritablement à l'humanité.

Les mouvements sociaux comme les mouvements noir et chicano, le mouvement de libération des femmes et d'autres luttes sociales progressistes se développent selon leur propre dynamique, façonnée par la lutte de classe plus large et les rapports de force entre les classes. Cette dynamique ne peut se réduire aux lois de la lutte entre le travail et le capital, encore moins aux lois qui régissent la lutte pour construire une aile gauche de lutte de classe dans les syndicats.

Ces mouvements sociaux progressent à leur propre vitesse et à leur propre rythme. Ils ne peuvent se soumettre aux schémas élaborés par les staliniens, les sociaux-démocrates et les sectaires de tout poil. Pour construire un parti révolutionnaire de travailleurs, il faut absolument comprendre la dynamique spécifique de chacune de ces luttes, y participer, suivre leur évolution et appuyer leurs revendications.

Mais comme je viens de le mentionner, ces mouvements sociaux *ne sont pas* indépendants des rapports de force établis au cours du développement de la lutte de classe ni du niveau de confiance, de conscience de classe et de politisation de l'avant-garde de la classe ouvrière.

Au contraire, la lutte de classe établit le cadre politique dans lequel opèrent tous les mouvements sociaux. Elle détermine la forme de leurs développements et leurs perspectives de succès ou d'échec. En même temps, la lutte de classe même est en partie façonnée par le cours et l'issue de ces mouvements sociaux. C'est pourquoi nous insistons sur l'interaction et l'interdépendance des luttes des opprimés et du mouvement ouvrier.

～

Sept. À mesure que cette polarisation de classe s'approfondit, elle suscite une polarisation politique. La classe dirigeante doit *faire de la propagande* pour tenter de renverser les attitudes d'opposition à la guerre largement répandues parmi les travailleurs. Elle doit *faire de la propagande* pour justifier pourquoi elle reprend des acquis et attaque la classe ouvrière et les syndicats, les Noirs, les femmes, les handicapés, la jeunesse rebelle et d'autres. Elle cherche à *masquer* le fait qu'elle est responsable des catastrophes et des crises en rejetant la faute sur les Arabes, sur les « importations étrangères, » les syndicats « indisciplinés », les « fraudeurs de l'assistance sociale » et d'autres boucs émissaires.

Des pressions sur les radicaux petits-bourgeois

Cette offensive propagandiste soutenue exerce une pression énorme sur « l'intelligentsia » petite-bourgeoise, y compris sur sa composante radicale. On peut en donner comme exemple le fait que les gens de ce milieu ont condamné de manière quasi universelle l'intervention du Vietnam au Kampuchéa (Cambodge) pour aider à en chasser le régime meurtrier de Pol Pot et, qu'à l'image de Joan Baez, ils ont croulé devant la campagne menée par Washington pour isoler et punir le Vietnam en se servant du prétexte de l'exode des « réfugiés de la mer » après la victoire et de l'expropriation de la propriété capitaliste dans le pays, qui a suivi la réunification de 1975.

Paul Sweezy, le fondateur et directeur depuis des décennies de la revue « socialiste indépendante » *Monthly Review*, en a donné un autre exemple récemment quand il a soutenu, devant un public de 1000 personnes à New York, qu'à la lumière des guerres de cette année entre le Vietnam, le Kampuchéa et la Chine, le marxisme ne fournit plus une explication adéquate des sociétés « post-capitalistes » existantes [14].

Ces phénomènes révèlent les pressions idéologiques qu'exerce la classe dominante. De concert avec les médias capitalistes, les intellectuels des classes moyennes l'appellent une « crise du marxisme. » En réalité, il s'agit d'une crise qui frappe tous ceux qui cherchent des réponses aux grands problèmes pratiques et théoriques auxquels l'humanité fait face sans partir des intérêts de la classe ouvrière internationale.

Il ne s'agit pas d'une « crise du marxisme, » mais bien d'une crise de la politique petite-bourgeoise.

La désorientation politique de ce milieu diffère de l'impact que produit la crise capitaliste sur d'autres couches sociales petites-bourgeoises, en particulier sur les secteurs exploités qui sont les alliés potentiels les plus puissants de

---

14. Voir le glossaire : Vietnam, Cambodge.

la classe ouvrière, comme les petits agriculteurs, les artisans, les chauffeurs qui possèdent leur camion et les petits propriétaires. Les luttes croissantes de la classe ouvrière contre le grand capital et ses partis politiques diviseront la petite bourgeoisie et en attireront des sections entières dans le camp des travailleurs et des opprimés. Ceci se produira quand ces couches sociales verront les grands bataillons du mouvement syndical américain entrer en action, offrir des réponses décisives à la crise capitaliste et lutter dans l'intérêt de tous ceux qui travaillent : un programme ouvrier.

Cette crise de perspective parmi l'intelligentsia et les radicaux petits-bourgeois continuera de s'approfondir jusqu'au moment où le mouvement syndical américain commencera à agir sur la base d'un programme de lutte capable d'attirer à lui un grand nombre d'alliés. Moins ces couches petites-bourgeoises ont de liens avec la classe ouvrière et ses institutions fondamentales, plus elles tendront à se replier sur elles-mêmes, à accepter des concepts mystiques et réactionnaires et à céder à la pression de tout subordonner à la « réussite personnelle. »

∼

Huit. Ces sept premiers points mènent à une conclusion politique et organisationnelle simple et déterminante pour les travailleurs communistes : il faut *dès maintenant* avoir la grande majorité de nos membres et dirigeants dans l'industrie, *ici* et *dans le reste du monde*. C'est seulement ainsi que nous pourrons influencer ces importants changements politiques et être influencés par eux.

Peu importe leur rythme, les changements décrits ici marqueront de leur empreinte le reste du vingtième siècle et le début du vingt-et-unième. C'est seulement en effectuant ce tournant politique vers la classe ouvrière et les syndicats industriels que nous pourrons assumer nos responsabilités politiques et profiter des opportunités qui, nous le savons, viendront.

C'est ainsi que nous développerons une direction éprouvée et capable de s'unir avec des courants révolutionnaires dans le mouvement syndical, ce que nous devrons faire pour construire des partis prolétariens de masse capables de mener les travailleurs au pouvoir et pour construire une internationale révolutionnaire. Au début, ces courants ne viendront pas à nous en raison de notre continuité programmatique avec les bolcheviks. Ils le feront grâce à la force d'attraction de partis de travailleurs socialistes en croissance qui auront eux-mêmes fait leurs preuves comme dirigeants dans les combats de classe et auront démontré *par leurs actions* leur capacité de remporter des victoires dans l'intérêt des travailleurs.

À mesure que la crise du capitalisme poussera les travailleurs à riposter, d'autres courants révolutionnaires *vont* émerger aussi bien dans le monde semi-colonial que dans le mouvement syndical et parmi les travailleurs et les opprimés des pays capitalistes avancés. Nous devons pouvoir nous orienter vers ces combattants, nous lier à eux et les gagner au cours pour lequel Lénine s'est battu ; le cours pour lequel le Parti socialiste des travailleurs s'est toujours battu. Seuls des partis de travailleurs industriels peuvent avoir cette force d'attraction.

II.

Comment le tournant vers l'industrie nous permet-il d'avancer vers l'objectif stratégique et programmatique que nous visons : de transformer le mouvement syndical en un instrument de lutte de classe, de construire un parti prolétarien révolutionnaire et de conduire la classe ouvrière et les opprimés vers l'établissement d'un gouvernement des travailleurs et des agriculteurs ?

Les huit prochains points abordent cette question.

∽

Neuf. Quel objectif poursuivons-nous dans les syndicats ?

Très simplement, comme Léon Trotsky l'a expliqué dans « Les syndicats à l'époque de la décadence impérialiste, » notre objectif consiste à transformer les syndicats américains en « instruments du mouvement révolutionnaire du prolétariat [15]. »

Ce que nous faisons vise à avancer vers des syndicats qui peuvent devenir des organisations révolutionnaires de combat de masse pour la classe ouvrière américaine. Sur cette voie, nous construirons l'instrument *politique* dont notre classe a absolument besoin, un parti prolétarien de masse.

Lutter pour transformer les syndicats

Notre point de départ ne se limite pas aux seules fonctions économiques des syndicats, aussi fondamentales et vitales soient-elles. C'est ainsi que les misleaders * du mouvement syndical, qui pratiquent la collaboration de classe, veulent que les travailleurs voient leurs syndicats, *dans le meilleur des cas*. En promouvant cette conception étroite, les bureaucrates réduisent progressivement

---

15. Un projet d'article trouvé sur le bureau de Trotsky quand il a été assassiné par un agent de Staline, en août 1940. Il est publié dans *Tribuns du peuple et syndicats*.

* Intraduisible en français, le mot vient du verbe *mislead*, amener quelqu'un dans une mauvaise direction. NOTE DE LA TRADUCTION

la capacité des syndicats de défendre les intérêts économiques de leurs membres et de syndiquer les travailleurs non syndiqués.

Notre point de départ, c'est le caractère social des syndicats et la vie politique qui entourent et dominent tout ce qu'ils font, y compris les victoires qu'ils peuvent remporter dans la lutte pour de meilleurs salaires, les heures et les conditions de travail. Nous projetons notre approche stratégique et jugeons nos tactiques dans le mouvement syndical en gardant les yeux fixés sur la direction de lutte de classe qui peut émerger et émergera des rangs. C'est là que se trouve l'avenir des syndicats.

Nous ne partons pas des syndicats tels qu'ils apparaissent actuellement ou tels qu'ils étaient il y a quelques années. Nous définissons notre orientation en examinant comment les syndicats évoluent, ce qu'ils deviennent et ce qu'ils *doivent* devenir pour pouvoir lutter et gagner. Nous ne donnons aucune garantie sur le nombre de syndicats qui se transformeront en instruments révolutionnaires de lutte. Nous ne sommes pas des prophètes, mais des révolutionnaires qui cherchent à orienter les développements vers une plus grande unité de la classe ouvrière en lutte.

Mais il y a une chose que nous savons : la victoire socialiste est inconcevable sans *lutter* pour transformer les syndicats en instruments révolutionnaires. Et il est impossible de construire un parti révolutionnaire des travailleurs sans participer à cette lutte.

À mesure que les batailles de classe s'amplifieront, de grands changements se produiront dans les usines et les quartiers ouvriers, qui dépasseront les formes organisationnelles existant actuellement, des changements dont nous ne pouvons prévoir ni imaginer toutes les formes. Certaines organisations disparaîtront. D'autres se transformeront et se révolutionneront.

C'est la lutte même qui est décisive pour forger une direction prolétarienne révolutionnaire.

⁓

Dix. Par conséquent, que devons-nous faire pour nous rapprocher de cet objectif de transformer les syndicats ? Qu'opposons-nous à la perspective de collaboration de classe de la bureaucratie syndicale encroûtée, qui freine et sape la puissance du mouvement ouvrier américain ? Contre cette collaboration de classe, la bible de l'actuelle bureaucratie syndicale, les travailleurs socialistes expliquent la nécessité *d'une aile gauche de lutte de classe dans les syndicats*. Nous développons et cherchons à attirer et former les cadres initiaux de cette aile gauche.

Les points élémentaires de notre programme pour y arriver sont simples. Nous les avons souvent résumés ainsi :

- Nous luttons pour *la démocratie syndicale* sous toutes ses formes, afin que le pouvoir des travailleurs puisse s'exercer.
- Nous luttons pour la *solidarité* avec les autres travailleurs, syndiqués ou non, et avec les luttes de tous les opprimés et exploités ici et à travers le monde.
- Nous luttons pour l'*indépendance politique* vis-à-vis de l'État capitaliste et de tous ses instruments, y compris du système électoral bourgeois à deux partis (et des « troisièmes partis » occasionnels que ce système génère inévitablement).

Nos fractions industrielles syndicales apprennent à fusionner trois éléments pour avancer en direction de ces objectifs programmatiques :

1. La propagande socialiste : présenter notre programme en discutant de politique avec nos camarades de travail ; la vente du *Militant* et de livres sur l'histoire et la politique de la classe ouvrière ; et les campagnes électorales, forums et classes du SWP.

« Les travailleurs socialistes mobilisent d'autres travailleurs dans des activités de solidarité avec les révolutions au Nicaragua, à la Grenade et à Cuba, avec la lutte contre l'apartheid en Afrique du Sud et pour défendre des révolutionnaires emprisonnés en Iran. »

Arrêtez l'exécution des socialistes en Iran !

Ci-dessus : Le *Militant* du 7 septembre 1979 soutient la campagne mondiale pour libérer douze membres du Parti socialiste des travailleurs (HKS) en Iran condamnés à mort et deux autres condamnés à perpétuité, dans la province pétrolifère du Khuzistan. Leur « crime » était de populariser les perspectives socialistes parmi les travailleurs du pétrole, des aciéries et parmi les communautés opprimées. En avril 1980, la campagne internationale a obtenu la libération des 14.

À gauche : Fatima Fallahi et Mahsa Hashemi sortent de prison.

« Face à l'impitoyable course aux profits des capitalistes, les travailleurs « se rassemblent pour défendre le taux de salaire » et les conditions de travail, ont écrit Marx et Engels en 1847. Inévitablement, ils « commencent à former des coalitions (des syndicats) » contre la classe des patrons. »

Octobre 1992, San Francisco, des travailleurs de l'habillement exigent le paiement des salaires qu'on leur doit.

VED DOOKHUN/THE MILITANT

2. Organiser, faire connaître et impliquer nos camarades de travail, nos syndicats, ainsi que l'ensemble des travailleurs et du mouvement syndical dans des luttes autour de questions sociales et politiques : défendre des cliniques de femmes qui fournissent des services d'avortements et de planification familiale ; soutenir l'Amendement pour l'égalité des droits pour les femmes [16] ; exiger l'arrestation et la poursuite de flics responsables d'attaques brutales et de meurtres de travailleurs ; mobiliser les travailleurs et les jeunes contre les groupes de droite qui veulent empêcher la déségrégation des écoles ou des logements ; construire la solidarité avec les révolutions au Nicaragua, à la Grenade et à Cuba ; soutenir la lutte contre le régime suprémaciste blanc en Afrique du Sud et défendre les révolutionnaires emprisonnés en Iran, victimes de coups montés.

3. Participer aux luttes sur les salaires, les conditions de travail, les cadences et la sécurité au travail, qui ne cessent de se développer et qui s'accroîtront à mesure que les patrons intensifieront leur offensive antisyndicale.

Une périphérie au travail et dans les syndicats
Nous ne pouvons pas réduire notre travail dans les syndicats à préparer une aile gauche de lutte de classe (qui jusqu'à présent n'a pas de forme organisationnelle) et penser qu'en le faisant, nous recruterons directement des travailleurs au parti. C'est trop simplifier les choses. Parce que lorsque nous suivons ce cours, quelque chose d'autre commence à se produire, quelque chose qui sera un indicateur important du travail de nos fractions industrielles : notre périphérie commence à croître au travail et dans le mouvement syndical.

---

16. Voir le glossaire : Amendement pour l'égalité des droits.

Le parti attirera des couches de travailleurs, des dizaines au début, puis des centaines et plus tard des milliers. Ils n'adhéreront peut-être pas au parti tout de suite. Mais ils suivront notre presse, liront les livres des dirigeants du parti, viendront avec nous à une conférence ou à une manifestation, nous présenteront à leurs amis et à leurs familles, soutiendront nos campagnes électorales, assisteront à certains de nos forums, seront influencés par nos membres et se familiariseront avec nos idées. Ils considèreront le SWP comme un pôle politique identifiable et alternatif. Ils commenceront à saisir des éléments de notre programme marxiste.

Notre capacité d'attirer une telle couche de travailleurs autour de nous sera essentielle pour forger une aile gauche de lutte de classe, mais aussi pour construire le parti. Le nombre, petit mais croissant, de lecteurs et d'abonnés réguliers du *Militant* que les fractions développent parmi nos camarades de travail est une conquête très importante.

Ce n'est rien de nouveau pour le mouvement ouvrier révolutionnaire. Il en a été ainsi depuis que la bourgeoisie industrielle britannique essayait de mater ceux qu'elle forçait à devenir les premiers prolétaires. On a toujours vu de pareilles couches de travailleurs qui résistaient et qui voulaient défendre leurs intérêts de classe par tous les moyens nécessaires, y compris l'action révolutionnaire, et qui cherchaient un programme pour les aider à aller de l'avant.

Voilà ce qu'est réellement le marxisme, comme l'ont expliqué Marx et Engels depuis le début du mouvement communiste. Ce n'est pas un ensemble d'idées. C'est simplement la généralisation des leçons de nos victoires et de nos défaites. Il exprime les intérêts de notre classe, les idées que les travailleurs d'avant-garde recherchent, le programme dont ils ont besoin pour gagner [17]. Nous voulons attirer ces rebelles qu'on trouve dans les usines et les mines, les faire participer à *des actions de la classe ouvrière* et recruter les meilleurs d'entre eux au SWP.

∼

Onze. On m'a souvent demandé à quoi pourrait bien ressembler une aile gauche avec une perspective de lutte de classe ? Avons-nous un modèle qui puisse nous guider ?

La réponse honnête est que nous ne le savons pas. Nous n'avons pas d'exemple d'aile gauche de lutte de classe dans le mouvement syndical américain.

Nous savons bien que les possibilités s'accroissent quand émergent des combattants dans des luttes spécifiques autour de questions comme la démocratie syndicale et la solidarité de classe. Nous savons que le processus s'associera presque certainement à des batailles de classe âprement disputées qui permettront de conquérir la direction de certaines structures syndicales : comités, sections locales, districts. Mais nous ne pouvons pas prévoir comment cela se produira et il est inutile de spéculer sur ce sujet.

Des leçons à lire, à étudier, à assimiler

Il y a néanmoins un exemple instructif dans l'histoire du mouvement syndical américain d'un mouvement important vers une aile gauche de lutte de classe et une direction syndicale révolutionnaire. Il s'agit de la direction de ce qui est devenu la section locale 544 du syndicat des Teamsters de Minneapolis dans les années 30 et de la campagne de syndicalisation que ces travailleurs ont dirigée parmi les camionneurs et les routiers du centre du pays. Cette

---

17. Voir le dernier texte de ce livre, « Le communisme n'est pas une doctrine, mais un mouvement, » p. 201.

expérience nous donne un grand avantage puisque notre parti a dirigé la section locale 544. L'un de ses principaux dirigeants, Farrell Dobbs, a écrit un compte rendu détaillé de ce qui s'est passé et des leçons à en tirer, que nous et d'autres travailleurs d'avant-garde pouvons lire, étudier et assimiler.

Ces quatre livres, *Rébellion Teamster*, *Teamster Power*, *Teamster Politics* et *Teamster Bureaucracy*, valent la peine d'être lus, relus et revus chaque année. Plus les camarades entrent dans l'industrie, apprennent à connaître les syndicats et commencent à fonctionner dans le cadre de fractions du parti, plus nous pouvons apprendre de ces livres chaque fois que nous y retournons. Chaque fois nous y trouvons quelque chose de nouveau et de plus riche que le souvenir que nous en avions gardé.

De toutes les périodes pendant lesquelles notre parti a effectué un travail syndical significatif, c'est celle qui est la plus utile pour nous aujourd'hui.

Plus utile que la période qui a précédé immédiatement l'entrée de l'impérialisme américain dans la deuxième guerre mondiale. Le président Franklin Roosevelt se préparait alors à entraîner les classes laborieuses d'Amérique dans ce massacre impérialiste pour défendre les intérêts de la classe possédante dont il faisait partie. Bien que le parti à l'époque, de 1939 à 1941, eût fait un tournant prolétarien, nous devions fonctionner sous le coup de contraintes sévères et de manière très prudente en raison de la répression de Washington contre les militants syndicaux combattifs. C'est à cette époque qu'eurent lieu l'inculpation et la condamnation de nos camarades dirigeants en 1941 par le gouvernement fédéral, avec la coopération de la haute bureaucratie des Teamsters [18]. Par conséquent, notre travail syndical au cours de ces

---

18. Voir le glossaire : Procès en vertu de la loi de Smith (1941).

années-là se caractérisait par un mode de fonctionnement différent de celui que le parti connaît aujourd'hui.

L'expérience des Teamsters au milieu des années 30 est aussi plus pertinente aujourd'hui que l'activité syndicale du parti après la fin de la brève montée des batailles syndicales de l'après-guerre. Nos fractions syndicales ont effectué un travail de grande valeur du milieu de l'année 1947 au début des années 50 dans les secteurs maritime, de l'automobile, de la sidérurgie et d'autres industries. Mais les conditions qui prévalaient alors différaient énormément de celles que nous connaissons actuellement. En dépit de quelques luttes sporadiques, le mouvement syndical américain reculait.

Pendant que la classe dirigeante américaine poursuivait la guerre froide et sa chasse aux sorcières, nous devions consacrer d'énormes ressources pour des manoeuvres tactiques nous permettant de gagner du temps et de limiter l'impact des tentatives d'exclure des syndicats les travailleurs qui avaient une conscience lutte de classe. Dans les élections syndicales, il nous arrivait parfois de soutenir tel ou tel candidat ou regroupement syndical représentant un moindre mal, dans le seul but de nous ouvrir un peu d'espace pour fonctionner. Nous cherchions à maintenir un petit groupe de cadres dans les syndicats en prévision d'une éventuelle remontée des luttes qui, finalement, ne s'est produite que deux décennies plus tard.

L'expérience des Teamsters de 1934 à 1938 s'est produite pendant des années de profonde crise capitaliste et d'une montée de la combativité et de la radicalisation ouvrières. Une génération entière de travailleurs du rang commençait à chercher une alternative. En 1934, une montée de luttes ouvrières massives se préparait et il importait peu qu'elle se produise à ce moment-là ou dans un an, trois ans ou cinq ans. La volonté et la capacité de lutter augmentaient.

C'est cette période, sa montée et son déclin, que Farrell décrit dans les quatre livres sur les Teamsters.

La branche de Minneapolis a consciemment colonisé l'industrie du camionnage. Farrell a expliqué que les dirigeants du parti avaient soigneusement pesé la question. Compte tenu du poids de l'agriculture et des meuneries dans la région, ils avaient conclu que le transport routier était l'industrie décisive à Minneapolis. Heureusement, nos membres pouvaient aussi entrer dans ce secteur et y construire une fraction industrielle du parti. C'est donc ce que nous avons fait.

Les dirigeants de la branche de Minneapolis recherchaient de jeunes travailleurs commençant à se radicaliser et prêts à lutter. Ils étaient ouverts à la possibilité que même un travailleur relativement jeune, qui avait voté pour Herbert Hoover en novembre 1932, puisse diriger des luttes ouvrières militantes à peine un an plus tard. C'est ce que Farrell Dobbs a fait. Il a voté républicain un peu plus d'un an avant d'aider à diriger quelques-unes des plus grandes batailles de l'histoire de la classe ouvrière américaine.

Les socialistes de Minneapolis comprenaient et valorisaient ce que beaucoup d'autres considéraient comme des obstacles, par exemple, l'inexpérience et l'insolence des jeunes travailleurs. Comme l'a souligné Farrell Dobbs, les rangs montraient qu'ils n'avaient pas à désapprendre autant de choses. On ne leur avait pas lavé le cerveau pour leur faire croire qu'une couche de bureaucrates syndicaux était plus militants et « progressistes » qu'eux.

Une fois que ces jeunes travailleurs ont commencé à agir, ils ont appris rapidement. Il est vrai qu'ils ont dû subir un certain nombre de coups de la part des patrons avant de se tourner vers les syndicats et encore plus de coups avant de regarder au-delà de leurs dirigeants syndicaux initiaux.

Aucun des cadres de notre parti à Minneapolis n'a commencé comme dirigeant élu de la section 574 du syndicat des Teamsters (plus tard section 544). Pas un seul n'avait de poste officiel pendant toute la durée de la grève des dépôts de charbon au début de 1934 ni pendant les grandes grèves qui ont eu lieu plus tard cette année-là.

Avec l'approbation des officiers syndicaux des Teamsters, nous avons commencé en collaborant avec d'autres militants du rang pour mettre en place un comité de grève officieux. C'est seulement après la deuxième grève, à l'été 1934, que les membres du rang ont exigé de pouvoir élire aux postes supérieurs du syndicat les dirigeants qui avaient fait leurs preuves au cours de cette bataille.

Les travailleurs se sont heurtés à plusieurs anciens officiers qui cherchaient à leur faire obstacle. Mais ils en ont aussi trouvé deux, dont Bill Brown, que ces expériences ont transformés, qui se sont ralliés à la lutte et qui ont aidé à la diriger. Comme l'a expliqué Farrell, nous n'avons pas trouvé et n'aurions jamais trouvé Bill Brown si nous l'avions cherché, *lui*. C'est plutôt en organisant et en mobilisant *les rangs* que nous avons croisé Bill Brown sur notre chemin.

Une fois en marche, cette nouvelle direction des Teamsters a pratiqué la politique de lutte de classe dont nous avons discuté. Ce fut le syndicat le plus démocratique de l'histoire des États-Unis, contrôlé par les rangs. Il s'est solidarisé avec les chômeurs, les non-syndiqués, les camionneurs indépendants, de nombreux syndicats locaux et de petits agriculteurs de la région de Minneapolis-St-Paul. Les Teamsters ont agi ainsi parce qu'ils comprenaient que la solidarité n'est pas seulement essentielle pour faire progresser la lutte d'ensemble, mais qu'elle est aussi le seul moyen de défendre et de construire leur propre syndicat.

Dès le début, ces dirigeants syndicaux révolutionnaires ont suivi un cours visant à construire un parti ouvrier. Ils n'ont pas attendu qu'une aile gauche de lutte de classe se soit formée pour mettre cette perspective de l'avant.

« Dans l'histoire syndicale des États-Unis, il y a un exemple d'avancée vers la création d'une aile gauche de lutte de classes. Il s'agit de la section locale 544 du syndicat des Teamsters de Minneapolis et de la campagne de syndicalisation dans le Midwest au cours des années 30. »

SOCIÉTÉ HISTORIQUE DU MINNESOTA

Grâce à des grèves acharnées, les travailleurs de l'industrie du camionnage ont fait de Minneapolis une ville syndicale.

En haut : Mai 1934. Des piquets de grève de masse pour bloquer la circulation des camions dans la zone du marché ont été la clé de la victoire.

En bas à gauche : Les dirigeants de la grève des Teamsters (à partir de la gauche) Bill Brown, Farrell Dobbs et Carl Skoglund. Farrell Dobbs, dirigeant central de ces batailles, a été le secrétaire national du Parti socialiste des travailleurs de 1953 à 1972.

En bas à droite : Journal des Teamsters, 22 août 1934. « Victoire ! Un accord est conclu ! »

OMAHA WORLD-HERALD

CARLO/NORTHWEST ORGANIZER, 14 AVRIL 1938

En haut : Omaha, Nebraska, juin 1937. Les grévistes célèbrent l'obtention d'un contrat syndical chez Arrow Motors Freight. C'était une victoire dans une campagne des Teamsters de Minneapolis qui a permis en quelques années de syndiquer un quart de million de chauffeurs routiers dans 11 États.

En bas : Avril 1938, le *Northwest Organizer* rapporte la résolution contre les préparatifs de guerre de Washington adoptée par les syndicats de Minneapolis, qui représentaient 50 000 travailleurs. Les dirigeants de la section locale 544 ont mobilisé l'opposition du mouvement ouvrier aux objectifs de l'impérialisme américain.

L'existence du Parti des agriculteurs et des travailleurs (FLP) au Minnesota et les illusions que de nombreux travailleurs avaient en lui posaient de manière plus aiguë et immédiate qu'ailleurs aux États-Unis la nécessité d'un parti des travailleurs basé sur les syndicats, indépendant de l'État et des partis politiques des patrons. Nos cadres qui dirigeaient la section locale 544 ont cherché à gagner les rangs du FLP à un programme de lutte de classe.

Les dirigeants de la section locale 544 ont mobilisé les rangs pour utiliser la force du syndicat. Ses membres ont recouru à de nombreuses tactiques de flanquement et subtilités tactiques, que les camarades commencent aujourd'hui à mieux connaître. Ces dirigeants des Teamsters ont combattu politiquement les coups montés du gouvernement contre des militants syndicaux et ont mobilisé l'opposition syndicale à la guerre mondiale impérialiste qui était alors imminente.

En agissant ainsi, ces dirigeants syndicaux révolutionnaires ont non seulement développé le noyau d'une aile gauche de lutte de classe et une couche croissante de cadres syndicaux, ils ont également constitué une périphérie de travailleurs qui lisaient notre presse plus ou moins régulièrement et assimilaient de plus en plus notre programme ouvrier. Les cadres du parti dans la campagne pour syndiquer des routiers, lancée quelques années plus tard, ont recruté de nouveaux membres depuis Dallas jusqu'à Cincinnati, Oklahoma City, Louisville et Détroit : des noyaux de camionneurs et d'autres travailleurs qui étaient membres de notre parti.

Les travailleurs conscients découvraient la nécessité d'un parti révolutionnaire dans des situations de combat : le centralisme révolutionnaire, l'homogénéité politique, la démocratie interne et une solide composition prolétarienne.

Ainsi, bien qu'il n'y ait pas de modèle d'aile gauche de lutte de classe à l'échelle nationale dans le mouvement ouvrier, nous avons au moins la chance d'avoir eu une expérience permettant à des dirigeants du mouvement communiste d'appliquer de manière conséquente notre programme et nos méthodes au cours d'une période de montée de luttes syndicales.

Mais même ici, comme Farrell Dobbs prend soin de le noter dans la série des Teamsters, nous ne trouverons aucun guide tactique. Ces livres présentent un cadre stratégique et relatent de riches expériences de lutte de classe qui peuvent présenter des similitudes avec certaines situations que nous rencontrerons. Mais nous ne tirerons pas la moindre formule tactique de ces livres, pas plus que d'*aucun* autre livre. Ce sont les membres du parti et nos compagnons de travail impliqués dans chaque situation particulière qui élaboreront les initiatives à prendre, à partir des circonstances auxquelles ils feront face.

Douze. La crise croissante du capitalisme fait ressortir de plus en plus l'importance de la méthode du document que nous appelons souvent le Programme de transition. C'est l'un de nos documents programmatiques les plus fondamentaux. [19]

---

19. Le parti aux États-Unis aujourd'hui appelé Parti socialiste des travailleurs (SWP) a été fondé en 1919 sous le nom de Parti communiste et a célébré son centième anniversaire au moment de la publication de ce livre en anglais. Cette année-là a marqué la fondation de l'Internationale communiste, dirigée par Lénine et le Parti bolchevique en Russie soviétique. S'inspirant du programme et de la stratégie de cette organisation mondiale, Léon Trotsky a collaboré avec la direction du Parti socialiste des travailleurs en 1938, à la veille de la deuxième guerre mondiale, pour rédiger ce qui est devenu à la fois le document programmatique de base

Au moment où le capitalisme mondial plongeait l'humanité dans la deuxième boucherie impérialiste mondiale, Léon Trotsky a montré la voie en avant pour la révolution socialiste dans ces conditions, qu'il a décrites comme celles prévalant dans « une période prérévolutionnaire d'agitation, de propagande et d'organisation, » une période très différente de la situation que connaissent aujourd'hui la classe ouvrière et nos alliés aux États-Unis ou dans une grande partie du monde.

Le programme du SWP de 1938 n'est pas un manuel tactique flottant au-dessus du temps et des conditions objectives. Il fournit le cadre stratégique du travail politique communiste. Nous devons avant tout assimiler et être capables d'utiliser sa méthode pour répondre aux événements nouveaux qui surgissent continuellement, aux nouvelles combinaisons de circonstances que personne ne peut prévoir.

Premièrement, a dit Léon Trotsky, les révolutionnaires agissent de manière à donner aux travailleurs et aux opprimés plus de confiance en nous-mêmes et en notre capacité de lutter. Ils agissent de manière à inspirer et convaincre les travailleurs que nous *pouvons* avoir un impact sur la politique et changer le monde. C'est le contraire de l'image de nous-mêmes que toutes les institutions de la société capitaliste tentent d'inculquer aux travailleurs.

Nous cherchons à convaincre notre classe que nous pouvons transformer la société en luttant ensemble, sans compromis, et de manière intelligente et sérieuse. Dans le feu des combats quotidiens, nous cherchons à convaincre

---

du SWP et le programme du mouvement mondial que le SWP a contribué à diriger à l'époque, la Quatrième Internationale. Il est publié dans le livre *The Transitional Program for Socialist Revolution* (Pathfinder, 1977).

les travailleurs que nous pouvons nous émanciper nous-mêmes et tous nos alliés, et que seule notre classe peut y parvenir.

« Bonnes sont toutes les méthodes qui élèvent la conscience de classe des travailleurs, leur confiance dans leurs propres forces, leur disposition à l'abnégation dans la lutte, » comme l'a exprimé Trotsky vers la fin du Programme de transition.

« Inadmissibles sont les méthodes, a-t-il dit, qui inspirent aux opprimés la crainte et la docilité devant les oppresseurs, qui étouffent l'esprit de protestation et d'indignation ou qui substituent la volonté des chefs à la volonté des masses, la contrainte à la persuasion, la démagogie et la falsification à l'analyse de la réalité. [20] »

Cet esprit d'indépendance de classe combative culminera dans la formation et la fédération de ce qu'on connaissait en Russie comme des soviets, du mot russe signifiant conseils. C'est-à-dire des organisations ouvrières de masse qui mèneront la lutte pour le pouvoir et qui, après la victoire, deviendront le socle organisationnel sur lequel la reconstruction socialiste de la société commencera.

Deuxièmement, nous agissons en tant que travailleurs-révolutionnaires. Comme Trotsky l'a expliqué dans *In Defense of Marxism*, et James P. Cannon, dans *La lutte pour un parti prolétarien*, les travailleurs sont soumis aux contraintes des conditions réelles de la vie. Nous savons dans notre chair que nous vivons dans un monde imparfait, un monde que nous voulons améliorer et changer. Nous prisons chaque progrès. Nous luttons pour préserver chaque centimètre de territoire conquis. Nous ne partons

---

20. Léon Trotsky, *The Transitional Program*, Pathfinder, New York, 2019, p. 192.

pas de schémas. Nous ne cherchons pas à savoir si la réalité correspond à un modèle prédéterminé et, dans le cas contraire, nous ne nous retirons pas sur la touche en attendant des jours meilleurs.

Nous, les travailleurs, commençons avec nos points d'appui actuels et nous cherchons à avancer en utilisant les armes dont nous disposons. Nous agissons de façon à construire des ponts entre les problèmes auxquels les travailleurs font face et la compréhension qu'ils en ont, d'une part, et les solutions socialistes plus générales, d'autre part.

Ceci nous amène au troisième fondement essentiel du programme de 1938 et à son point de départ. L'objectif est que la conscience des travailleurs évolue à travers les expériences et les luttes dans lesquelles nous sommes engagés. Nous partons de la situation économique et politique *objective* : des besoins de la classe, des contradictions croissantes du système capitaliste à l'échelle mondiale et non de la conscience de la plupart des travailleurs à un moment donné.

Le programme, a expliqué Léon Trotsky au cours de discussions avec des dirigeants du Parti socialiste des travailleurs, a pour objectif de « trouver les points de contact permettant de se lier aux masses et de les diriger, » en partant des luttes pour des revendications démocratiques et immédiates les plus élémentaires, y compris des revendications syndicales, sur la voie menant à « la conquête révolutionnaire du pouvoir. » Nous devons « réduire au minimum cet écart entre les facteurs objectifs et subjectifs, » a-t-il souligné [21].

---

21. Léon Trotsky, *The Transitional Program,* p. 133. À la fin de 1937, Trotsky a demandé qu'une délégation de la direction du SWP lui rende visite au Mexique, où il vivait en exil, pour des discussions qui l'aideraient à rédiger le programme. En mars 1938, trois dirigeants du parti lui

Les travailleurs communistes doivent expliquer la réalité mais ils doivent le faire de façon que notre programme soit le plus accessible et le plus compréhensible possible pour les travailleurs. C'est une tâche que nous accomplissons chaque jour au travail. C'est une question que nos candidats tentent de clarifier et à laquelle nous cherchons constamment à apporter une meilleure réponse dans le *Militant*.

Finalement, Léon Trotsky a expliqué : « Naturellement, je peux, les yeux fermés, écrire un bon programme tout rose que tous accepteront. Mais il ne correspondra pas à la situation et c'est ce qu'un programme doit faire. » La décadence même du capitalisme, nous disait Léon Trotsky, est le principal facteur permettant de réduire l'écart entre la réalité objective et la conscience actuelle des travailleurs. « Sous les coups de la crise objective et de ses millions de chômeurs, » disait-il, cette conscience peut rapidement changer [22].

Ceci nous amène donc à la question de comment présenter nos revendications, comment expliquer nos mots d'ordre pour réussir le mieux possible à réduire l'écart.

~

Treize. L'année 1980 est une année d'élections présidentielles. Elle nous fournit une tribune spéciale pour expliquer notre programme. Aussi longtemps que les capitalistes continueront d'organiser des élections présidentielles tous les quatre

---

ont rendu visite, James P. Cannon, Max Shachtman et Vincent R. Dunne. Les transcriptions de ces échanges, ainsi que les discussions organisées plus tard dans l'année, sont publiées dans *The Transitional Program for Socialist Revolution*. Plusieurs extraits sont également disponibles dans *Tribuns du peuple et syndicats*.

22. Léon Trotsky, *The Transitional Program*, p. 204.

ans, nous continuerons de nous en servir pour présenter une alternative socialiste aux travailleurs américains.

Faire campagne pour notre programme
Quels seront les thèmes centraux de la campagne en 1980 ? Beaucoup sont déjà évidents.

Nous ferons campagne contre les menaces de guerre que Washington fait planer sur le Nicaragua, la Grenade et Cuba.

Nous exigerons une semaine de travail plus courte sans baisse de salaire ainsi qu'une clause d'indexation des salaires et des prestations sociales en réponse au double coup de massue que sont le chômage et l'inflation à deux chiffres.

Face à la flambée des prix de l'essence et du mazout domestique, aux licenciements massifs et aux attaques contre nos conditions de sécurité et de santé au travail, nous soulignerons la nécessité de nationaliser le trust de l'énergie, la compagnie ferroviaire Milwaukee Road, Chrysler et les autres industries qui causent tant de ravages à des millions de travailleurs et à nos familles.

Nous soutiendrons les grèves et les autres luttes ouvrières, y compris les efforts pour organiser les travailleurs non syndiqués et les luttes pour la démocratie syndicale telles que celles auxquelles nous avons participé ces dernières années dans le syndicat des Métallos et celui des Travailleurs unis des transports (UTU).

Nos candidats et nos campagnes mobiliseront la solidarité en action avec toutes sortes de luttes locales et nationales pour les droits et les conditions des Noirs, des Chicanos, des Autochtones et des femmes. Cela comprend les luttes contre la violence raciste et la brutalité policière auxquelles nous avons participé à Détroit, à Decatur en Alabama et à Tupelo au Mississippi, ainsi que les luttes pour la ratification de l'Amendement pour l'égalité des droits (ERA) et pour défendre le droit des femmes de choisir l'avortement.

La campagne présidentielle offre une opportunité inégalée au Parti socialiste des travailleurs pour expliquer pourquoi le mouvement syndical américain doit rompre avec le système capitaliste à deux partis, les démocrates et les républicains, et lancer un parti ouvrier basé sur les syndicats (*labor party*).

Les camarades des fractions industrielles confirment que nous trouvons de plus en plus de travailleurs favorables à l'idée de rompre avec les partis des patrons. Dans l'état actuel de la lutte des classes, nous ne menons pas une campagne d'agitation dans la classe ouvrière et le mouvement syndical avec le slogan d'un parti ouvrier. Mais c'est un aspect important de notre propagande électorale. C'est l'une de nos façons d'expliquer à nos collègues de travail notre alternative à la faillite du système à deux partis ainsi qu'à la dépendance sans issue de la bureaucratie syndicale vis-à-vis du Parti démocrate.

Les travailleurs les plus ouverts à la nécessité de rompre avec l'État des patrons et avec leurs partis politiques aujourd'hui s'intéresseront davantage au Parti socialiste des travailleurs et à ses campagnes électorales. Au cours des 18 prochains mois, Andrew Pulley et Matilde Zimmermann, nos candidats à la présidence et à la vice-présidence, parleront aux travailleurs de toutes les questions brûlantes de la politique nationale et internationale qui se posent à notre classe. Et ils encourageront les travailleurs qui sont d'accord avec eux à soutenir la campagne du SWP, à s'abonner au *Militant* et à adhérer au SWP et à l'Alliance des jeunes socialistes.

∽

Quatorze. L'aboutissement de ce que nous appelons la marche stratégique du mouvement ouvrier, c'est un gouvernement des travailleurs et des agriculteurs. C'est l'objectif

« **Les syndicats doivent organiser les travailleurs non syndiqués et veiller aux intérêts des travailleurs les plus misérablement rétribués, notamment les travailleurs agricoles.** »   Karl Marx, 1866

En haut : Vallée de Yakima, État de Washington, avril 1987. Membres du syndicat des travailleurs agricoles en grève pour un contrat collectif dans les pommeraies de la compagnie Pyramid. La banderole dit notamment : « Le syndicat est dans l'intérêt de tous. » Les travailleurs agricoles sont « les frères d'armes » des autres travailleurs, « deux parties d'une même classe, » dit le programme de 1938 du Parti socialiste des travailleurs.

En bas : Bien qu'ils appartiennent à une autre classe que celle des travailleurs, les petits agriculteurs sont des alliés stratégiques dans la lutte commune pour un gouvernement des travailleurs et des agriculteurs. Coincés entre la hausse des coûts de production et la baisse des prix de leurs produits, ils se voient expulsés de leurs terres. Sur la photo, 3 000 agriculteurs se rendent à Washington, en février 1979, pour exiger des subventions pour le prix de leurs récoltes.

de tout notre travail et de toutes les luttes de notre classe. De Marx et Engels à Lénine et Trotsky, ça a été le but recherché par le biais de l'action révolutionnaire de masse de la classe ouvrière et de nos alliés. La constitution du SWP l'exprime ainsi : « éduquer et organiser la classe ouvrière afin d'établir un gouvernement des travailleurs et des agriculteurs, qui abolira le capitalisme aux États-Unis et participera à la lutte mondiale pour le socialisme. »

Cela explique l'importance de l'interaction entre les syndicats et les mouvements de protestation sociale. Nous ne demandons pas aux couches opprimées de la population d'attendre que les syndicats bougent avant de s'organiser et de commencer à lutter. Elles ne l'ont jamais fait et ne devraient jamais le faire.

Cependant, plus les syndicats se transformeront en organisations révolutionnaires de combat de classe, plus on verra des travailleurs recourir à la puissance de leurs syndicats pour lutter sur des questions politiques et sociales au nom de tous les alliés du mouvement ouvrier. Les mobilisations de masse des travailleurs deviendront plus puissantes et des dirigeants prolétariens émergeront dans toutes les grandes luttes sociales. Voilà ce pour quoi nous luttons.

∾

Quinze. Nous avons aussi commencé à reconnaître l'importance stratégique d'évaluer correctement le poids social et l'importance politique de diverses luttes et questions. Cela est essentiel pour répartir nos forces et établir des priorités politiques.

Nous appuyons sans compromis toutes les luttes progressistes. Mais la clé pour transformer le mouvement ouvrier américain, c'est que nous comprenions que la nationalité noire opprimée, les petits agriculteurs et les femmes sont les principaux alliés stratégiques dans la lutte pour un gouvernement des travailleurs et des agriculteurs.

Ce nest qu'en agissant à partir de ce jugement que la classe ouvrière pourra avoir le plus grand impact dans la lutte pour changer le rapport de force entre les classes à notre avantage et celui de tous nos alliés.

∽

Seize. Qu'entendons-nous par conscience de classe ?

Cela signifie aborder toutes les questions sociales et politiques en termes de classes et non d'individus. Penser principalement non pas à *moi* mais à *nous*, à la classe dont nous faisons partie.

Il n'y a aucune façon de transformer en révolutionnaire prolétarien un travailleur, ou toute personne, qui ne pense qu'en termes individuels. Le point de départ de la conscience de classe, c'est de penser à ce que nous pouvons accomplir *comme membre d'une classe* et *à ce que notre classe peut accomplir*.

« Nous » plutôt que « je »

Cela peut commencer par des expériences qui font apparaître les solutions personnelles comme moins réalistes et plus difficiles. Les travailleurs découvrent que d'autres travailleurs font face aux mêmes difficultés qu'eux et demandent de l'aide, offrent leur solidarité et montrent un moyen de lutter ensemble.

Quelque chose d'autre se produit quand vous commencez à penser en termes de *nous* plutôt que de *je*. Vous commencez à comprendre qu'il existe un autre *nous*. Il existe un *nous* qui est en réalité un *eux* : la classe dirigeante capitaliste. *Ils* sont l'ennemi de classe de notre classe. Toute politique fondée sur la collaboration avec cet ennemi *nous* affaiblit parce qu'elle *les* renforce.

Le racisme, le *race-baiting* [23], le sexisme, le protectionnisme, le nationalisme impérialiste, le « Achetons américain, » le fait de se sacrifier pour « notre » entreprise ou « notre » industrie, le soutien aux guerres de Washington, et j'en passe : tout cela affaiblit notre lutte commune en tant que classe. Tout cela renforce l'ennemi et modifie le rapport de forces entre les classes à nos dépens. Agir en politique dans le cadre de ce « nous » réactionnaire affaiblit nos syndicats, rabaisse nos salaires, mine nos conditions de travail, menace notre postérité et, en fin de compte, jusqu'à nos propres vies.

Armés de cette compréhension, nous menons une bataille *politique* au sein de notre classe contre ceux qui sont en général relativement plus aisés et qui espèrent échapper à leur condition de prolétaires. Ce sont les plus susceptibles de soutenir les *misleaders* du mouvement ouvrier, qui pratiquent la collaboration de classe, et leurs notions réformistes.

On l'a vu encore une fois avec la récente victoire dans l'affaire Weber, lorsque la Cour suprême des États-Unis a rejeté en juin 1979 l'action en justice de Brian Weber. Celui-ci voulait faire annuler une partie essentielle du contrat négocié par le syndicat des Métallurgistes unis à l'usine Kaiser Aluminium de Gramercy, en Louisiane.

Brian Weber affirmait avoir été victime de « discrimination inversée » dans l'usine. Un tribunal de première instance avait retenu sa plainte. La Cour suprême a rejeté sa tentative d'éliminer le quota pour la formation professionnelle que les Métallos avaient réussi à faire inscrire dans le contrat et qui réservait la moitié des places de formation aux Noirs et aux femmes. Avant ce nouveau contrat, alors que quelque 40 pour cent des travailleurs de Gramercy étaient

---

23. Voir la note en page 19 sur le *race-baiting*.

américains africains, les travailleurs noirs occupaient moins de 2 pour cent des emplois dits qualifiés — oui, même pas un sur cinquante ! — et les femmes, *aucun*.

La bataille qui a renversé la décision d'une cour inférieure dans la cause Weber a été une victoire non seulement pour les Noirs, les Latinos et les femmes, mais aussi pour le mouvement ouvrier américain. Les changements de conscience dans la classe ouvrière, engendrés par les acquis de la lutte des Noirs, ont contribué à cette victoire.

Ceux qui s'opposent à l'égalité des Noirs et des femmes soutiennent souvent que, pour mettre fin aux licenciements et promotions discriminatoires, il ne faut pas toucher au système d'ancienneté. Mais le jugement (*consent decree*) qui ratifiait l'entente intervenue en 1974 entre les Métallos et les entreprises sidérurgiques de base a renforcé l'ensemble du mouvement ouvrier. Il stipulait qu'au moins 50 pour cent des nouvelles recrues devaient être des Noirs et des femmes, ce qui leur accordait le droit de postuler (et d'obtenir une formation) pour des emplois dans des départements où les salaires étaient plus élevés sans perdre leur ancienneté dans l'usine.

On voit donc que les choses changent dans le mouvement syndical. Et le fait que cela se soit produit à Gramercy, en Louisiane, montre que la classe dirigeante ne peut même plus trouver de sanctuaire pour le « droit de travailler pour moins » dans le Sud ou dans la soi-disant Ceinture de soleil, du sud-ouest au sud-est. C'est un territoire qui n'est plus sûr pour les employeurs. Les puissantes luttes qui ont vaincu le système de ségrégation de *Jim Crow*, combinées aux événements nationaux et mondiaux de la dernière décennie, ont profondément stimulé la lutte des classes dans le Sud, ce qui en fait aujourd'hui un facteur clé de la politique américaine.

Parallèlement à la grande campagne de syndicalisation menée par le syndicat des Métallos à Newport News, le plus grand effort de syndicalisation dans le Sud depuis près d'un quart de siècle, les travailleurs ont remporté une autre victoire importante dans la nouvelle grande usine de General Motors à Oklahoma City [24].

Le lendemain de ce vote de deux contre un en faveur des Travailleurs unis de l'automobile, je prenais mon thé en regardant les informations du réseau CBS vers 7 h. Les journalistes ont d'abord interviewé des patrons de General Motors, qui ont dit qu'ils avaient honnêtement pensé qu'une victoire syndicale était impossible. Ils se sont dit très surpris. Après tout, de nombreux travailleurs leur avaient dit qu'ils ne voulaient pas de syndicat ! De toute évidence, quelque chose a sérieusement mal tourné, ont déclaré les patrons.

CBS a ensuite interviewé quelques travailleurs qui représentaient le syndicat maison de GM. Ils n'ont fait que marmonner quelques mots et chercher à sortir du champ de la caméra. Mais finalement il y a eu une séquence sur la majorité des travailleurs qui célébraient l'évènement : des travailleurs qui avaient gagné, blancs et Noirs, jeunes et vieux. C'était un rassemblement large, militant et plein de fierté.

Ces changements parmi les travailleurs américains ouvrent de nouvelles perspectives pour les luttes sociales à venir.

III.

Nous avons beaucoup progressé en effectuant le tournant au cours de la dernière année. Nous avons pas mal appris.

Quelles sont alors les prochains pas pour construire nos fractions syndicales industrielles ? Comment procéderons-nous, tant au niveau politique qu'organisationnel, pour

---

24. Voir le glossaire : Métallurgistes unis d'Amérique, section locale 8888 (Newport News, Virginie) ; Oklahoma City, campagne de syndicalisation des TUA à.

achever le tournant et effectuer une part de plus en plus grande de notre activité par le biais de ces fractions ?

Construire nos fractions industrielles
Les neuf derniers points traitent de ces questions importantes.

∼

Dix-sept. Depuis la réunion du Comité national de février 1978, nous avons dit que nous avions pour objectif de placer une grande majorité du parti dans l'industrie et les syndicats industriels.

Au début du tournant, il y a un an et demi, le Comité national a sous-estimé jusqu'à un certain point le parti et ses cadres. Consciemment ou non, nous avons supposé, pour des raisons implicites, qu'une couche de camarades ne devraient pas aller dans l'industrie. Nous avons également supposé qu'une couche de camarades ne voudraient pas, pour des raisons personnelles, faire ce que nous espérons tous pouvoir faire.

Cela s'est révélé erroné. La leçon que nous en avons tirée, que le parti nous a donnée en moins de 18 mois, est une leçon pour l'ensemble de notre mouvement mondial. Lorsque les membres et les dirigeants sont politiquement convaincus des opportunités pour faire du travail au sein de notre classe, une couche de camarades après l'autre répondent et font ce qu'il faut pour obtenir un emploi dans l'industrie.

Les camarades ont organisé leur vie pour aider à exécuter le cours adopté par le parti. Les comités de leur branche et les instances de direction locales les ont aidés. L'engagement personnel et la direction politique ont permis de surmonter toutes sortes d'obstacles apparents, tel ou tel problème de santé, telle ou telle période d'ajustement.

Il n'y a pas de larges catégories d'exceptions. Notre tournant est une politique générale, et il *doit* l'être pour être mené jusqu'au bout. Nous avons d'anciens avocats, médecins, dentistes, professeurs d'université, membres de métiers de la construction, enseignants et toutes sortes d'employés du secteur public qui sont déjà dans l'industrie ou y cherchent un emploi. Nous avons relevé d'autres affectations des membres du Comité national, du Comité politique, des journalistes et rédacteurs afin qu'ils puissent faire partie du tournant. Avec le temps, les responsabilités changeront : nous affecterons des camarades qui sont dans l'industrie à travailler à temps plein pour le parti pendant que d'autres qui le font déjà pourront aller dans l'industrie.

Le tournant est universel. Quiconque n'est pas dans l'industrie, mais se convainc qu'il voudrait s'y trouver un emploi et pense que c'est possible est le bienvenu. Nous l'aiderons à le faire.

Notre tournant n'est pas du tout « équilibré ». Nous mettons tous nos oeufs dans le même panier : parce que c'est la seule façon de construire le noyau d'un parti prolétarien, les plus grandes fractions industrielles, la participation la plus efficace dans le mouvement de masse et dans les luttes de toutes sortes. Avec le temps, c'est le moyen d'assurer au parti la plus grande influence politique.

C'est une tactique délibérément et totalement déséquilibrée et c'est ainsi qu'il faut l'appliquer. Sinon, elle ne fonctionnera pas.

Ce n'est pas parce que nous croyons connaître l'endroit exact où éclateront les prochaines grandes explosions ou combien d'entre elles surgiront, à quel rythme exact ou dans quel ordre. Nous ne le savons pas. Tout ce que nous savons, c'est que de telles explosions viendront et que lorsqu'elles se produiront, les travailleurs industriels réagiront. En le faisant, ils renforceront la lutte pour transformer leurs syndicats, et pour se transformer eux-mêmes, afin de faire progresser toutes les luttes des opprimés et exploités.

Notre tournant est le meilleur moyen de nous assurer que nous ferons partie de ces batailles, que nous serons en position de mettre de l'avant notre programme, de développer une direction de lutte de classe et que, sur cette voie, un parti révolutionnaire se construira et se renforcera.

~

Dix-huit. Nous accomplissons ce travail dans l'industrie comme tout ce que nous faisons : comme une responsabilité de l'ensemble du parti.

En tant que membre d'une fraction industrielle, nous apprenons à fonctionner de manière plus disciplinée. Nous découvrons que les camarades deviennent plus confiants, qu'ils s'intéressent davantage à la politique et comprennent mieux le marxisme. En tant que travailleur industriel, il est plus facile de comprendre que le marxisme représente les intérêts généraux et la marche stratégique d'une classe.

Les camarades découvrent une nouvelle façon de lire, de nouvelles facettes qui nous avaient échappé la première fois. Des camarades qui n'avaient jamais pensé écrire pour le *Militant* deviennent des correspondants ouvriers.

~

Dix-neuf. Nous visons les grandes usines, les grandes mines, les grandes aciéries, les grands dépôts ferroviaires. Nous voulons être en mesure de côtoyer et d'influencer le plus grand nombre possible de travailleurs industriels dans d'importants lieux de travail et sections locales de syndicats.

Un parti à travers tout le pays

Mais nous construisons aussi un parti *dans l'ensemble du pays*. Les États-Unis n'ont pas de Pétrograd. Notre classe se répartit dans tout le pays, dans de grandes et petites villes possédant différentes caractéristiques régionales politiques et sociales.

Seul un parti présent dans tout le pays, qui poursuit des activités politiques dans les villes, les villages et les régions rurales, pourra s'ancrer dans la classe ouvrière américaine, rester en contact avec elle et aider à généraliser ses expériences.

Des centaines de régions du pays ne possèdent pas de villes gigantesques mais ont de grandes concentrations prolétariennes dans l'industrie de base et d'autres lieux de travail. C'est le cas dans le nord du Midwest. C'est aussi le cas dans la région de Tidewater en Virginie et dans celle de Piedmont en Caroline du Nord. Les travailleurs qu'on y retrouve sont parfois non syndiqués, parfois très syndiqués.

Des villes comme Miami, Washington, San Antonio et Albuquerque sont des centres politiques importants de ce pays, malgré la présence *relativement* petite de travailleurs industriels. Il y a une grande et importante communauté ouvrière cubaine à Miami ainsi que de grandes communautés venant d'Amérique centrale à Miami et à Washington. Ne serait-ce que pour les changements d'attitude des Cubains vivant ici face à la révolution cubaine et des luttes qui se développent en Amérique centrale, il est important d'avoir des branches dans ces villes. Et il y a plusieurs autres raisons de le faire.

Non seulement Houston et Dallas, mais aussi San Antonio, Phoenix et Albuquerque sont des centres de la population chicana, tout comme Salt Lake City et Denver. Les Chicanos constituent une partie importante de la main-d'oeuvre industrielle dans ces villes et on y trouve aussi de nombreux travailleurs mexicains sans papiers.

Notre parti ne peut pas se permettre d'ignorer la vie politique de ces villes ou de sombrer dans l'illusion que nous pouvons « attendre un peu plus » avant de commencer à participer à la vie politique de centres industriels américains qui ne sont pas parmi les plus grands.

Il y a une autre idée erronée que j'ai parfois entendue, à savoir que New York et San Francisco sont des villes petites-bourgeoises, pas très importantes pour un parti prolétarien. C'est ridicule. Ce sont des centres politiques importants de ce pays, chacun avec une classe ouvrière et un mouvement syndical importants. Si nous ne pouvons avoir d'unité fonctionnelle dotée d'une librairie bien fournie et de locaux publics attrayants à New York et San Francisco, nous faisons une erreur quelque part.

Les camarades ont tourné le dos à des emplois mieux payés pour déménager dans le Sud-Ouest non syndiqué, pour aller dans le Piedmont, pour aller là où vivent et travaillent des travailleurs moins bien payés et moins syndiqués. Avec un peu moins du quart de la main-d'oeuvre actuellement syndiquée, les conditions dans des endroits comme ceux-ci sont typiques de celles auxquelles fait face une majorité de la classe ouvrière américaine [25].

Vingt. Léon Trotsky et Jim Cannon ont défini deux principes directeurs que nos fractions considèrent comme de bons points de départ :
- Trotsky a expliqué le besoin pour les travailleurs de penser socialement et d'agir politiquement.
- Cannon nous a exhortés à parler du socialisme.

Plus nous progressons dans le tournant, plus nous trouvons que ce sont là les meilleurs guides pour nos fractions dans l'industrie. Nous faisons le tournant précisément

---

25. Quarante ans plus tard, en 2019, quelque 10,5 pour cent des travailleurs aux États-Unis sont syndiqués. Environ 6,4 pour cent des travailleurs embauchés par des employeurs privés sont syndiqués. Ce déclin brutal et constant est avant tout le produit du cours de collaboration de classe de la bureaucratie syndicale, qui a menotté les rangs et affaibli sérieusement le mouvement syndical.

parce que des sections de la classe ouvrière se politisent et se radicalisent. Ce qui arrive aux travailleurs dans leurs lieux de travail lié à ce qu'ils subissent dans la société capitaliste tout entière les amène à s'intéresser de plus en plus à la politique et à se tourner vers leurs syndicats pour lutter. Leur conscience se transforme.

Nous voulons faire connaître le *Militant* au travail. Nous avons progressé sur ce terrain. Les travailleurs socialistes vendent le journal au travail. Ils le vendent aussi à la porte de l'usine une fois leur journée de travail terminée.

C'est grâce au *Militant* et aux livres que nous publions et distribuons, que nos compagnons de travail apprennent à nous connaître lorsque des luttes éclatent autour de telle ou telle question.

Nous sommes les partisans des droits des Noirs et des droits égaux pour les femmes. Nous sommes ceux qui défendent la révolution au Nicaragua, la révolution à la Grenade et la révolution à Cuba.

Nous sommes les travailleurs qui pensent que nous devrions avoir une semaine de travail plus courte sans perte de salaire, que nous devrions avoir le contrôle sur la sécurité et la santé ainsi que sur la production dans les mines et les usines, et que les syndicats ne doivent jamais subordonner les intérêts de la classe ouvrière aux partis des patrons et à leur gouvernement.

Les camarades découvrent qu'une des meilleures façons de nous présenter et de présenter nos idées au travail, c'est en étant un candidat du SWP. Nous encourageons nos camarades de travail à devenir des partisans des candidats socialistes.

Nos camarades peuvent se joindre aux concours d'autocollants et de T-shirts dans les usines aujourd'hui. Nous pouvons nous couvrir de slogans pour Andrew Pulley et

Matilde Zimmermann. Nous pouvons épingler un macaron pour Pulley à côté de notre badge sur le Milwaukeegate.

À la réunion de la fraction métallo il y a quelques jours, un camarade qui travaille à Sparrows Point à Baltimore a dit avoir un compagnon de travail qui porte sur son casque à droite « Votez SWP » et à gauche « Jésus nous sauve. » C'est génial ! Nous pouvons travailler avec lui pour parvenir à un gouvernement des travailleurs et des agriculteurs avant même le second avènement.

Les jeunes travailleurs sont à la fois imaginatifs et rebelles. On en a eu un aperçu lors de la réunion de la fraction des membres du parti au sein de l'Association internationale des machinistes, l'AIM. En mai, le moteur d'un DC-10 s'est décroché de l'avion juste après le décollage à Chicago, entraînant la mort de plus de 270 personnes. McDonnell Douglas a lancé une grande campagne de propagande pour dissimuler les problèmes de sécurité du DC-10 et soutenir le cours de l'action de la compagnie. Un camarade à la réunion de la fraction AIM a raconté que lorsque la société a distribué aux employés des T-shirts avec une photo du DC-10, un travailleur a pris une paire de ciseaux, découpé un des moteurs et porté le T-shirt au travail.

L'an prochain, tout le pays discutera laquelle des bandes corrompues, celle de Carter, de Kennedy ou d'un républicain, dirigera la Maison-Blanche. Nous avons une alternative ouvrière, une alternative du Parti socialiste des travailleurs. Voilà comment nous agirons dans les usines.

∼

Vingt et un. Il y a eu un échange dans le bulletin interne du parti sur la question de savoir si les camarades devraient chercher à obtenir ou accepter des mandats ou postes syndicaux. On a parfois incorrectement confondu deux idées.

Évidemment, les socialistes dans les syndicats cherchent à être des dirigeants et à prendre des *responsabilités de direction*. Mais ceci *n'équivaut pas* à prendre des postes syndicaux.

Cette distinction est cruciale. Notre classe a eu beaucoup d'expériences pour comprendre ce qui arrive lorsque la bureaucratie syndicale coopte quelqu'un qui était un militant syndical et l'intègre dans un monde de classe étranger à celui de notre classe. Celui-ci cesse alors de participer au mouvement de plus en plus large des travailleurs du rang qui luttent contre les patrons ou même d'aider à le diriger. Marvel Scholl, une cadre du SWP pendant plusieurs décennies et dirigeante de l'organisation auxiliaire féminine lors des batailles des Teamsters de 1934 dont nous avons parlé plus haut, a brossé un tableau convaincant de la façon dont même les meilleurs combattants peuvent perdre leur âme. Elle l'a fait, il y a quelques années, dans un article pour le *Militant* intitulé : « La formation d'un bureaucrate syndical [26]. »

Devenir des dirigeants de nos syndicats
Il n'y a pas de règles strictes sur les questions tactiques. Mais nous ne voyons aucune raison de changer ce que nous avons dit au cours des dernières années. Chaque cas particulier est une question tactique mais à l'heure actuelle nous préférons nous *abstenir* d'occuper des postes syndicaux.

Nous cherchons parallèlement *à être* des militants syndicaux, des bâtisseurs de syndicats et des dirigeants syndicaux responsables. Nous voulons inciter nos compagnons de travail et nous-mêmes à utiliser le pouvoir syndical et,

---

26. Cet article de Marvel Scholl de 1972 est reproduit plus loin dans ce livre.

« À l'aciérie de Sparrows Point à Baltimore, les membres du parti, qui agissent ouvertement comme socialistes, participent à des activités politiques avec des compagnons de travail dans deux des plus grandes sections locales des Métallos. »

En haut à droite : Newport News, Virginie, mars 1979. Les travailleurs de l'usine Bethlehem Steel à Baltimore se joignent à la manifestation de soutien aux travailleurs du chantier naval en grève pour la reconnaissance de la section syndicale 8888 des Métallos. Sur la photo, David Wilson, président de l'une des deux sections de Baltimore, aide à mettre en place une pancarte.

En haut à gauche : Le *Militant*, 16 mars 1979. Le journal socialiste décrit la lutte aux travailleurs de tout le pays : « Défendons la grève de Newport News ! »

En bas : Baltimore, mars 1978. Des sidérurgistes et d'autres syndicalistes chargent, de nourriture et de vêtements, une caravane de 300 véhicules à destination de Martinsburg, en Virginie-Occidentale, en solidarité avec la grève nationale des mineurs de charbon.

dans la mesure du possible, les structures syndicales afin de lutter pour défendre les intérêts de notre classe et de ses alliés. Sur cette voie, les travailleurs se mobiliseront et les syndicats commenceront à se transformer.

Dans certains cas, cela exigera d'aider à relancer des comités moribonds dans le syndicat local, tels que les comités pour les droits civils, les comités pour l'environnement ou l'éducation ou encore à participer à des comités sociaux, peu importe. Dans d'autres cas, nous aiderons à créer de nouveaux comités, comme nous l'avons fait dans certaines régions autour de la question des droits des femmes ou à propos de la solidarité.

Les bureaucrates veulent tout étouffer dans l'oeuf. Ils veulent maintenir la réflexion sociale et la politique à l'extérieur des usines et du syndicat. *Nous voulons les y faire entrer.*

Nous avons appris que les fractions industrielles qui agissent de la façon la plus politique et la plus audacieuse deviennent aussi les meilleures pour faire un travail syndical, les meilleures pour participer avec des compagnons de travail aux luttes liées au travail et les meilleures pour attirer des militants autour d'elles.

Par exemple, la campagne du Milwaukee Road s'organise de manière extrêmement compétente de l'intérieur de la structure syndicale officielle : avec un comité ad hoc autorisé par les UTU. Mais il se trouve que les cinq travailleurs qui ont formé le noyau initial du comité étaient tous abonnés au *Militant*. Nous travaillons avec eux dans la campagne du Milwaukee Road et ils lisent notre presse : c'est une bonne combinaison.

Cela se produit également dans des endroits comme l'aciérie de Sparrows Point. Les camarades agissent comme travailleurs socialistes et contribuent parallèlement à revigorer l'activité politique dans deux des plus grandes sections locales des Métallos du pays. Ils ont aidé à engager des activités de solidarité syndicale officielles avec les grèves des mineurs de charbon et de Newport News ; à établir des comités actifs pour les droits des femmes dans les deux sections locales ; à organiser un forum appuyé par le syndicat sur l'affaire *Weber* dans les locaux du syndicat ; à lancer un débat sur la sécurité au travail ; et à transformer quelques réunions syndicales en événements politiques qui ont eu un impact sur les travailleurs présents.

Il en va de même avec le district 31 des Métallos à Chicago, où nous avons également participé à un travail de solidarité avec l'Afrique. C'est aussi vrai à Toledo, où les camarades ont aidé à mettre sur pied un comité de solidarité officiel dans leur section locale des Travailleurs unis de l'automobile. C'est vrai pour un bon nombre de nos fractions.

Et nous avons franchi les premiers pas pour construire une fraction dans les Mineurs unis d'Amérique : des membres du parti travaillent dans des mines de charbon en Pennsylvanie, en Virginie-Occidentale et en Alabama [27].

Nous *comparons* ces expériences aux objectifs que les camarades de Minneapolis s'étaient fixés dans les années 30. C'est ce que nous essayons d'accomplir dans les conditions actuelles. Nous cherchons à les imiter. Tout comme les camarades et les autres qui ont dirigé la section locale 544, nos yeux se tournent vers les rangs et non vers les dirigeants syndicaux « progressistes ».

Nous voulons influencer les jeunes travailleurs. Nous construirons notre courant politique dans le mouvement ouvrier avec eux. Nous trouverons parmi eux les premiers

---

27. Voir « Le travail syndical et la construction du parti dans les bassins houillers » dans la section suivante de ce livre.

cadres de l'aile gauche de lutte de classe. C'est parmi eux que nous gagnerons des combattants de la classe ouvrière au programme révolutionnaire et au parti révolutionnaire. Au cours de ce processus, nous pourrons aussi recruter certains des responsables syndicaux les plus proches des travailleurs.

∽

Vingt-deux. Nos camarades ont fait des progrès remarquables pour effectuer le tournant vers les travailleurs et les syndicats industriels. Pourquoi ? Parce que le parti était politiquement prêt à le faire.

Comment nous nous sommes préparés pour faire le tournant

En fait, la direction du parti a commencé à préparer cette nouvelle étape pour construire le parti il y a quinze ans. Nous avons dégagé Farrell Dobbs de quelques-unes de ses responsabilités pour lui permettre de suivre de plus près le mouvement syndical et d'écrire à ce sujet pour le *Militant*. Les articles de Farrell ont servi de base pour notre première brochure importante à propos des syndicats depuis de nombreuses années, *Recent Trends in the Labor Movement*, que nous avons publiée en 1967. Elle est toujours disponible [28]. Les camarades devraient la relire.

Farrell a également rédigé pour le Comité politique de nombreux documents sur les principaux développements au sein du mouvement ouvrier. L'ensemble du parti a bénéficié de son mémorandum, adopté par le Comité politique en 1969, sur les caucus de Noirs dans les syndicats, leur signification et les liens étroits entre la radicalisation noire

---

28. Republié dans Farrell Dobbs, *Selected Articles on the Labor Movement*, Pathfinder, 1983.

et le mouvement ouvrier. Il a rédigé un rapport adopté par le congrès de 1969 qui applique notre politique militaire prolétarienne à la lutte contre la guerre au Vietnam et à l'opposition croissante au service militaire obligatoire [29].

Ce faisant, Farrell a aussi prêté une attention politique particulière à la transition dans la direction du parti, qui était nécessaire pour mener à bien le tournant.

À la fin des années 60, nous avons demandé à Frank Lovell de quitter Détroit et de revenir à New York pour aider à organiser notre direction du travail dans les syndicats. Nous avons peu à peu formé un comité directeur national composé de camarades expérimentés.

Les membres du parti qui travaillaient dans le secteur ferroviaire ont aidé à diriger le Comité pour le droit de vote au sein des Travailleurs unis des transports au début des années 70. Nous avons réagi rapidement en tant que parti national à la grève contre General Electric en 1969 et à celle des travailleurs des postes en 1970. Nous étions prêts pour le gel des salaires de Richard Nixon en 1971 et les pénuries de viande et d'énergie en 1973. Nous avons évalué correctement la Coalition des femmes syndiquées lorsqu'elle s'est formée en 1974, en reconnaissant qu'elle était un signe de ce qui venait.

Nous avons commencé à travailler de façon plus systématique avec les camarades en situation syndicale. Nous avons développé de larges fractions d'enseignants et d'employés gouvernementaux et avons collaboré avec elles aux niveaux local et national. Ces fractions ont abordé de front les questions du racisme, de la réduction des services sociaux et de l'action politique ouvrière indépendante, qui se

---

29. Ces documents de Farrell Dobbs sont disponibles dans *Selected Documents on SWP Trade Union Policy* et *Revolutionary Strategy in the Fight against the Vietnam War*, publiés par Pathfinder respectivement en 1972 et 1975.

« Pour augmenter leurs taux de profit, les capitalistes doivent intensifier l'exploitation des travailleurs. Ils doivent nécessairement attaquer les syndicats industriels. »

JACOB PERASSO/THE MILITANT

LISA AHLBERG/THE MILITANT

En haut : St-Paul, Minnesota, juin 2000. Les travailleurs de l'industrie de la viande marchent depuis le local du syndicat des TUAC jusqu'à l'abattoir de Dakota Premium, dans le cadre d'une lutte victorieuse pour la reconnaissance du syndicat. Quelques jours plus tôt, les travailleurs avaient fait une grève sur leur lieu de travail contre l'accélération des cadences, responsable d'une augmentation des blessures.

En bas : Los Angeles, mars 1990. Les grévistes de Greyhound se joignent au piquet de grève contre Eastern Airlines. Les travailleurs de la compagnie aérienne ont tenu 686 jours, soit « un jour de plus » que le propriétaire Frank Lorenzo, dont la campagne antisyndicale ratée a entraîné la faillite de l'entreprise.

« Face à l'offensive patronale, le besoin de solidarité s'accroît. Les grèves se transforment en batailles politiques pour la conscience de la classe ouvrière, pas seulement celle des travailleurs en grève, mais celle de toute la classe. »

En haut : Austin, Minnesota, avril 1986. Des syndicalistes de tout le pays se joignent à la marche de 5 000 personnes en soutien à la grève d'un an de la section locale P-9 des TUAC contre Hormel. Les travailleurs socialistes ont construit la solidarité au niveau national.

En bas : Fresque sur un mur du Centre syndical d'Austin, que la section locale P-9 a dédiée à Nelson Mandela, le dirigeant emprisonné de la lutte pour la liberté en Afrique du Sud. L'oeuvre montrait à quel point les grévistes s'identifiaient au combat contre le régime d'apartheid.

En haut : Miami, janvier 1990. Des membres du syndicat des mineurs en grève contre Pittston Coal manifestent avec les grévistes de la Eastern Airlines lors de la journée Martin Luther King. Dans tout le pays, des machinistes d'Eastern et des grévistes de Pittston ont soutenu leurs luttes respectives.

En bas : En 2003, les travailleurs de la mine Co-Op, en Utah, se sont mis en grève. La plupart nés au Mexique, ils ont gagné un large soutien syndical au cours de leurs trois années de lutte pour organiser un syndicat.

« Nous luttons pour la solidarité avec les luttes des opprimés et exploités du monde entier. »

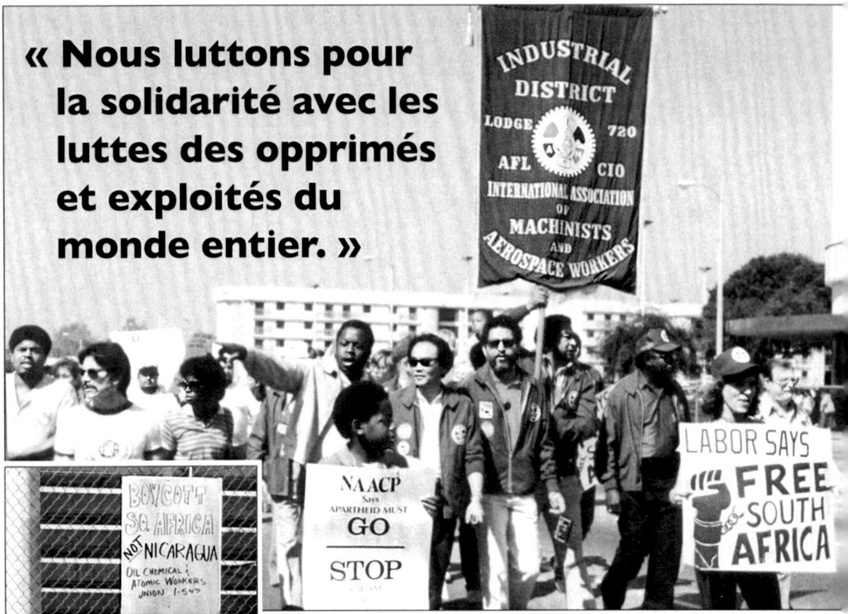

PAT NIXON/THE MILITANT

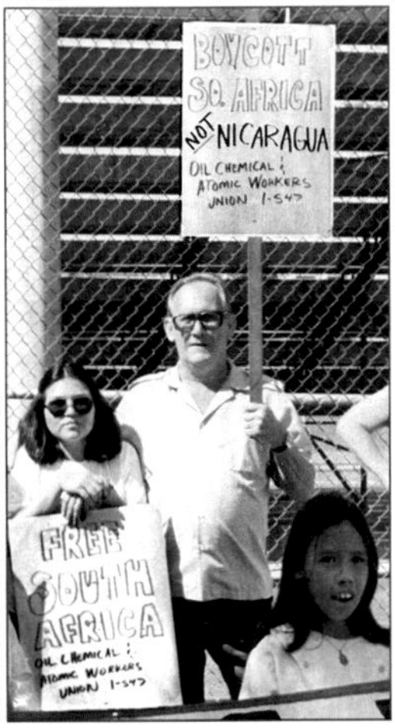

PAT NIXON/THE MILITANT

En haut : Los Angeles, avril 1985. Dans le cadre d'actions nationales, un contingent de machinistes manifeste en soutien à la lutte pour la liberté en Afrique du Sud.
À gauche : Au cours de la même action, des membres du syndicat de la pétrochimie protestent contre l'intervention militaire des États-Unis en Amérique centrale.

ARTHUR HUGHES/THE MILITANT

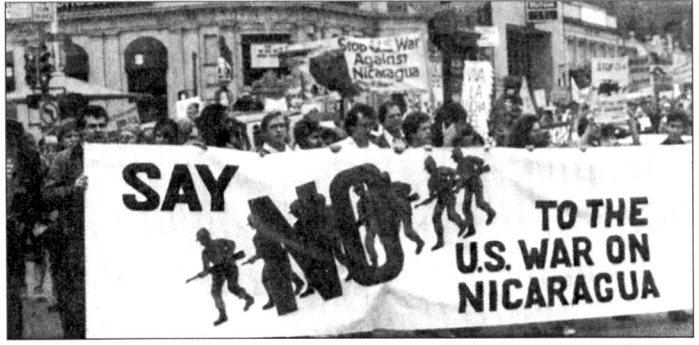

Ci-dessus : Washington, octobre 1986. Manifestation d'opposition à la guerre organisée par les États-Unis contre la révolution nicaraguayenne.

En haut : York, Pennsylvanie, mars 1995. Les travailleurs de l'automobile en grève contre Caterpillar expliquent leur lutte à Kenia Serrano, une dirigeante de la Fédération des étudiants universitaires de Cuba qui faisait une tournée de conférences. Les grévistes ont profité de l'occasion pour s'informer sur l'exemple de la révolution cubaine.

En bas : Los Angeles, octobre 2018. Les chauffeurs du port exigent que le syndicat des Teamsters soit reconnu comme leur représentant et défendent les travailleurs immigrés menacés d'expulsion si le gouvernement met fin au « statut de protection temporaire. »

« Les luttes pour les droits civils et les droits des femmes n'ont pas seulement renforcé la confiance en soi des couches opprimées de la classe ouvrière. Elles ont aidé les travailleurs à mieux comprendre qu'ils ont des intérêts de classe communs. »

NANCY COLE/THE MILITANT

En haut : Wollongong, Australie, mars 1984. Des manifestantes lors de la Journée internationale des femmes exigent que l'aciérie de Port Kembla cesse d'exclure les femmes. La campagne a été largement appuyée. Elle a obligé l'entreprise à embaucher des centaines de travailleuses.

En bas : Institute, Virginie-Occidentale, juin 1979. La première réunion nationale de mineures, organisée par le Projet d'emploi dans les mines, a attiré 200 personnes. De gauche à droite : Paulette Shine, Betty Jean Hall, Connie Weiss, Mary Zins. Ce groupe, fondé deux ans plus tôt, a aidé les femmes à obtenir des emplois dans les mines.

Des mineurs socialistes aux États-Unis et au Royaume-Uni ont affirmé leur solidarité les uns envers les autres.

En haut : North Yorkshire, Angleterre, juin 1987. Des mineures et d'autres syndicalistes des États-Unis visitent les bassins miniers britanniques pour en apprendre davantage sur comment s'organise la résistance face aux fermetures de mines et aux tentatives du gouvernement de briser le Syndicat national des mineurs (NUM). Elles ont été accueillies par les Femmes contre la fermeture des mines, un groupe composé d'épouses de mineurs et d'autres partisans du NUM.

En bas : Bassins miniers de Virginie, novembre 1989. Paul Galloway (deuxième à gauche) et Jim Spaul (quatrième à droite), mineurs socialistes du Royaume-Uni, avec des mineurs en grève contre Pittston.

« Il faut mettre la puissance et la force des syndicats au service des luttes pour les droits des Noirs et des femmes et pour l'action affirmative. »

Denver, août 1993. Mobilisation pour défendre une clinique d'avortement contre les menaces venant d'opposants de droite aux droits des femmes.

Ouvrière à l'usine de montage Jaguar à Birmingham en Angleterre.

Brochure utilisée par les travailleurs socialistes pour défendre l'action affirmative. L'affaire Weber était une contestation judiciaire du contrat adopté par les Métallos fixant des quotas de formation professionnelle pour les Noirs et les femmes. De nombreux syndicats ont défendu ces mesures et la Cour suprême les a confirmées en juin 1979.

posent aux syndicats de l'enseignement et de la fonction publique aujourd'hui. Les camarades qui travaillent dans la construction, en particulier dans la région de San Francisco, ont fait un travail important en utilisant leur base syndicale pour construire la solidarité avec des batailles syndicales et d'autres luttes progressistes. L'ensemble de nos cadres au niveau national ont acquis une expérience précieuse dans ces batailles initiales du mouvement syndical et les camarades ont gagné le respect de leurs compagnons de travail.

Avec toutes ces expériences et ces discussions, nous étions prêts à saisir les opportunités que nous a offertes la campagne Sadlowski, en 1976 et 1977, et à appliquer la décision du Comité national, en février 1978, au sujet du tournant du parti vers les syndicats industriels. De nombreux camarades impliqués dans ces expériences antérieures dans le mouvement syndical dirigent désormais la construction de nos fractions syndicales.

Il n'y avait donc rien de soudain, rien qui n'avait pas été soigneusement pesé, rien qui n'avait pas été préparé. Il n'y avait rien de surprenant. C'était tout simplement l'accumulation constante d'expériences et de réponses opportunes aux situations changeantes dans la lutte de classe.

La bataille pour la déségrégation scolaire à Boston
L'orientation nationale du parti vers la lutte pour la déségrégation à Boston en 1974 et 1975 a été une autre composante cruciale de cette préparation. Nous avons réussi haut la main le test d'un parti prolétarien en démontrant notre capacité d'intervenir de manière efficace et décisive pour faire progresser les intérêts des opprimés.

La communauté noire de Boston a combattu les racistes. Elle leur a imposé un match nul. Elle a préservé le plan de transport scolaire dans cette ville et nous avons fait partie de cette bataille. En raison du rapport de force entre les classes à Boston et dans le mouvement noir, la lutte s'est terminée avant qu'on puisse remporter une victoire décisive. Mais beaucoup a néanmoins été accompli.

La bataille pour la déségrégation de Boston a été la plus importante expérience de combat politique de toute une couche de la direction du parti, y compris d'une grande partie de nos dirigeants qui sont noirs. À partir du travail que nous avons accompli dans cette lutte et dans les actions de solidarité à travers le pays, nous avons gagné au mouvement socialiste de nombreux combattants pour la libération des Noirs. Nombre d'entre eux contribuent aujourd'hui à diriger le parti dans l'industrie [30].

∽

Vingt-trois. Notre plus grande conquête politique des années 60 et 70 est d'avoir construit un parti capable de jauger les changements dans notre classe et de faire le tournant vers la classe ouvrière industrielle et ses syndicats au moment opportun.

Nous avons recruté des cadres capables de faire un travail politique révolutionnaire dans notre classe, des cadres qui pourraient prendre des initiatives dans la lutte pour transformer le mouvement syndical et construire un parti révolutionnaire de travailleurs industriels.

Le SWP ne traverse pas cette expérience seul. C'est une expérience internationale. Notre congrès doit aussi en prendre note. En effectuant ce tournant, nous offrons un exemple à tout notre mouvement mondial.

∽

Vingt-quatre. Chaque question importante de politique *mondiale* est aussi une question *américaine*. Nous récoltons

---

30. Voir le glossaire : Boston, lutte pour la déségrégation.

l'héritage de l'époque impérialiste. Nous construisons un parti dans le bastion stratégique, la citadelle du système capitaliste mondial. Ce que nous faisons, ou ne faisons pas, aura un effet décisif sur tout ce qui arrive dans le monde et *au* monde.

La classe dirigeante ne peut éviter la crise globale dans laquelle le capitalisme mondial est entré. Elle peut remettre les affrontements à plus tard. Elle peut asséner de durs coups aux travailleurs. Mais elle ne peut pas empêcher les batailles d'avoir lieu ni juguler la crise sans infliger des défaites dévastatrices à la classe ouvrière. Mais au cours de ces batailles, nous aurons la chance de nous défendre et d'avancer sur la voie révolutionnaire vers la conquête du pouvoir d'État.

Qu'en est-il des bureaucrates syndicaux ? Peuvent-ils continuer à contenir le mouvement syndical américain ? Même si les officiers syndicaux peuvent nous mener de défaite en défaite et maintenir leur emprise, la bureaucratie est en fin de compte une couche extrêmement faible. C'est la vérité. Mais les bureaucrates syndicaux ont également le pouvoir d'État de la classe dirigeante derrière eux. Ils ne tomberont pas comme un fruit mûr. Quand notre classe entrera décisivement en action, nous diviserons les officiers syndicaux. La plupart d'entre eux seront balayés. Ils laisseront la place à des dirigeants militants issus des rangs.

Nous ne promettons pas une révolution socialiste demain ou à une date définie. Notre tournant n'a rien à voir avec les prophéties ou l'impatience.

Mais nous *pouvons* promettre un certain nombre de choses à propos de ce qui nous attend. Lénine et Trotsky ont esquissé une perspective étonnamment similaire en 1921, dans leurs rapports au troisième congrès mondial de l'Internationale communiste.

« La question qui est soulevée abstraitement par de nombreux camarades, de ce qui mènera à la révolution :

appauvrissement ou prospérité ? est complètement fausse ainsi formulée, a expliqué Trotsky. [...] Ni l'appauvrissement ni la prospérité en tant que tels ne peuvent mener à la révolution. Mais l'alternance de prospérité et d'appauvrissement, » les bonnes et les mauvaises périodes, « les crises, l'incertitude, l'absence de stabilité : voilà les forces motrices de la révolution. »

De plus, a dit Trotsky, le « mode d'existence tranquille [de la bureaucratie syndicale] a aussi fait sentir son influence sur la psychologie d'une large couche de travailleurs plus aisés. Mais aujourd'hui, cette situation bénie, cette stabilité des conditions de vie, appartient au passé, » comme cela commence à se produire aujourd'hui.

« Les prix montent en flèche, a poursuivi Trotsky, les salaires n'arrêtent pas de changer en suivant ou non les fluctuations monétaires. La monnaie bondit, les prix bondissent, les salaires bondissent. Puis viennent les hauts et les bas des conjonctures fictives fébriles et des crises profondes.

« Ce manque de stabilité, l'incertitude de ce que demain apportera dans la vie personnelle de chaque travailleur, est le facteur le plus révolutionnaire de l'époque actuelle. »

Lénine, dans son rapport, a souligné *la préparation politique* requise des partis communistes face à ces conditions instables. « Plus le prolétariat est organisé dans un pays capitaliste avancé, a-t-il dit, plus l'histoire nous demande de faire preuve de minutie dans la préparation de la révolution et de conquérir complètement la majorité de la classe ouvrière. » Ce cours révolutionnaire, a ajouté Lénine, est celui que les « larges masses [...] apprennent beaucoup mieux par leur expérience pratique que dans les livres [31]. »

---

31. On peut lire le rapport de Lénine et un rapport de Trotsky au congrès de l'Internationale communiste de 1921 dans le numéro 7 du magazine *Nouvelle Internationale*. Les citations de Trotsky sont extraites de son

C'est ce que nous promettons. Rien de moins, rien de plus.

La *victoire* de la révolution socialiste dépendra de nombreux facteurs, y compris de ce que nous et d'autres travailleurs faisons. Mais les batailles viennent. La transformation révolutionnaire se produira. Cela déterminera dans une large mesure l'avenir de la race humaine.

Nous sommes convaincus que des milliers et des centaines de milliers de révolutionnaires d'action émergeront de la classe ouvrière américaine. Ils apprendront le marxisme à pas de géant. Ce qui nous amène à notre dernier point.

Vingt-cinq. Notre tâche consiste à faire une chose : construire un parti américain qui, avec nos camarades ailleurs dans le monde, pourra aider à diriger ces combattants de la classe ouvrière pour balayer ce bastion de l'impérialisme de la surface de la terre et ouvrir la voie à l'avenir socialiste de l'humanité.

---

rapport de synthèse au congrès de 1921, qu'on peut trouver dans *The First Five Years of the Communist International*, vol. 1, publié par Pathfinder.

Le travail syndical et la construction du parti dans les bassins houillers

KEN SHILMAN

Le 16 février 1980 lors d'une réunion des membres du Parti socialiste des travailleurs qui travaillaient dans les mines de charbon en Virginie-Occidentale, en Pennsylvanie et en Alabama, Ken Shilman a présenté un rapport sur la décision, prise par le parti à la fin des années 70, d'avoir certains de ses membres dans les mines afin de participer à la lutte pour renforcer les Mineurs unis d'Amérique (UMWA), organiser les travailleurs et construire le parti.

Ken Shilman, qui était membre du Comité national du parti, a organisé le travail pour construire la fraction dans les mines de charbon au cours des premières années. Il a présenté son rapport au nom du Comité politique, qui avait discuté en détail le cours politique de la nouvelle fraction.

Adolescent, Ken Shilman s'était associé à l'un des premiers Voyages de la liberté pour protester contre la ségrégation raciale dans les gares routières du Sud des États-Unis et avait participé à d'autres actions du mouvement pour les droits civils. Ces expériences l'avaient amené à adhérer au

SWP. Au fil des ans, il avait cherché à gagner des soldats américains au mouvement contre la guerre du Vietnam ; à organiser la solidarité avec des actions pour syndiquer des travailleurs, que ce soient des travailleurs d'hôpitaux de New York, des mineurs dans les bassins houillers des Appalaches ou des travailleurs d'usines de transformation de la viande à Austin, au Minnesota ; et, au milieu de toute cette activité, à construire et éduquer le mouvement communiste.

Voici un extrait de son rapport de février 1980. Les noms des membres du parti impliqués dans ce travail de construction du parti remplacent ici les pseudonymes utilisés dans le rapport original.

Il y a presque deux ans, au début de 1978, nos trois premiers camarades étaient embauchés dans les mines de charbon, chacun dans une mine différente. Jusqu'à il y a six mois, notre fraction nationale du charbon ne comptait que ces trois camarades : Mary Zins, Tom Moriarty et Clare Fraenzl. Aujourd'hui, nous avons 13 mineurs actifs et nous avons recruté un mineur licencié.

Mieux encore, nous avons franchi des étapes importantes pour construire des fractions : il n'y a plus qu'une minorité de mines dans lesquelles un camarade est le seul membre du parti dans la mine.

Quand les premiers camarades ont été embauchés, nous n'avions pas d'expérience dans les mines souterraines et nous ne voulions pas aller trop vite. Dès le premier jour, nous avons cherché à nous faire connaître parmi nos compagnons de travail pour nos idées politiques, comme des mineurs socialistes. Mais nous voulions que les membres de notre nouvelle fraction soient des travailleurs socialistes *efficaces* et nous voulions éviter toute répression inutile. Les camarades avaient beaucoup à apprendre avant de commencer à vendre le *Militant* dans la mine, à y parler du socialisme ou à s'impliquer dans la politique des Mineurs unis d'Amérique.

La fraction discutait presqu'à chaque jour de cette intégration à la force de travail et examinait chaque situation concrète. Les membres de la fraction ont appris à répondre à des questions telles que : « Que fait quelqu'un de Boston dans une mine de charbon en Virginie-Occidentale ? » D'autres travailleurs ont fini par les connaître. Ils se sont fait des amis et, grâce aux mineurs, ils ont appris des choses sur le charbon et le syndicat des UMWA.

Ce fut une première étape nécessaire. À partir de là, à mesure que les camarades se faisaient connaître comme des socialistes avec des idées politiques sur de nombreuses questions, ils ont commencé à traverser des expériences différentes.

Chaque mine avait ses traits particuliers. Les districts 5 (ouest de la Pennsylvanie) et 31 (nord de la Virginie-Occidentale) ont des histoires différentes. Le district 20 (Alabama) se distingue des districts 5 et 31. Une mine peut différer d'une autre dans le même district.

Devenir un travailleur socialiste efficace
Mary Zins travaillait dans une mine du district 5 en Pennsylvanie depuis plusieurs mois quand est venu l'appel à la manifestation du 9 juillet 1978 à Washington en faveur de l'Amendement pour l'égalité des droits (ERA, selon le nom en anglais). Elle appuyait cette manifestation et la fraction a décidé qu'elle devrait le dire. La nouvelle s'est répandue et on l'a connue dans la mine comme « Mary de l'ERA. »

Ça a plu à certains mineurs, mais pas à d'autres, qui l'ont harcelée. À mesure que Mary liait des amitiés sur cette base, il était tout à fait naturel qu'elle montre à certains de ces mineurs les articles du *Militant* sur l'ERA. Grâce à ces discussions avec des compagnons de travail, la nouvelle s'est répandue que Mary était socialiste. Ce n'est pas que nous voulions, par principe, que tout le monde le sache mais c'est ainsi que les nouvelles circulent dans de nombreuses mines. Mary est ainsi devenue « Mary la rouge. » Elle travaillait dans la mine depuis environ quatre ou cinq mois et elle avait réussi à connaître beaucoup de gens.

La branche l'a aidée en organisant des ventes hebdomadaires régulières à l'extérieur de sa mine et en discutant avec les mineurs des questions d'actualité, du socialisme et de la nécessité de nous organiser aussi au niveau politique : d'un parti ouvrier basé sur les syndicats. Les branches ont fait beaucoup pour appuyer tous nos camarades mineurs de cette façon.

Certains dans la mine s'intéressaient à ses idées. D'autres lui faisait passer des moments très difficiles et espéraient pouvoir la chasser de la mine, en partie parce qu'elle est une femme. Mais comme chaque camarade a dû le faire, elle s'est défendue et a gagné son droit d'être là et d'avoir une opinion différente.

On connaît maintenant Mary comme une militante syndicale consciencieuse, une adversaire efficace de la compagnie, une compagne de travail et une organisatrice compétente. La fraction a dû réfléchir aussi à cela et avancer de manière très consciente. Dans son syndicat local, Mary a fait le point sur la grève de Jericol dans le comté de Harlan, au Kentucky. Elle a souligné son importance pour syndiquer les régions houillères de l'Est et de l'Ouest du pays et pour renforcer le syndicat face aux attaques patronales [1].

---

1. De décembre 1977 jusqu'à la deuxième moitié de 1979, les membres de la section locale 8771 des UMWA à la mine Jericol dans le comté de Harlan, au Kentucky, ont fait grève autour des questions de sécurité dans la mine, de pensions et de salaires plus élevés. Les patrons de Jericol avaient refusé de signer le contrat national remporté par les UMWA lors de la grève de 110 jours en 1977-1978.

Grâce à elle et à d'autres mineurs, son syndicat a envoyé un message de solidarité aux métallos en grève à Newport News, en Virginie [2].

À un certain moment, une situation dangereuse s'est présentée avec la cage [une machine dans le puit de la mine, semblable à une cabine d'ascenseur, utilisée pour monter et descendre les mineurs et les matériaux] dans la mine où elle travaillait. De l'eau tombait sur des fils sous tension et la compagnie refusait de faire quoi que ce soit. Les mineurs ont discuté intensément de ce qu'il fallait faire. Mary a participé à cette discussion et a proposé quelques-unes des bonnes réponses. La nouvelle a circulé. Après cela, Mary a subi des pressions pour se présenter au comité de sécurité. Cela ne venait pas de nous, mais d'autres mineurs.

Une autre fois, une grève a éclaté dans la mine où travaillait Mary parce que la compagnie falsifiait les rapports sur les dangers dans la mine. Mary a participé activement à la grève et la fraction a décidé que, puisque le sujet et le moment étaient opportuns, Mary devrait écrire un article en son nom pour le *Militant*. Elle a téléphoné aux dirigeants de son syndicat local pour pouvoir citer leurs commentaires et pour les informer à l'avance qu'elle écrivait l'article. Puis elle en a discuté avec d'autres travailleurs lorsqu'il est paru.

Mary a participé à des discussions dans le syndicat sur de nombreuses questions : la démocratie, la sécurité au travail, les droits des femmes ou l'énergie nucléaire. Elle a été élue comme représentante officielle du syndicat à la conférence des femmes des UMWA en novembre 1979 et, à son retour, elle en a fait un compte rendu à son syndicat local.

---

2. Voir le glossaire : Métallurgistes unis d'Amérique, section locale 8888 (Newport News, Virginie).

Je n'essaie pas de vous dire ici que Mary s'est prononcée sur chacune des questions soulevées. Loin de là, la fraction a dû choisir les questions sur lesquelles on voulait s'exprimer et celles sur lesquelles on voulait faire campagne.

C'est le comportement de Mary dans son syndicat et au travail qui explique pourquoi on l'a élue déléguée au congrès des UMWA en décembre 1979. Elle y a pris la parole sur l'une des principales questions débattues : la démocratie syndicale. Mary est probablement l'une des rares femmes à avoir jamais pris la parole à un congrès des UMWA. Par la suite, elle a dû défendre ses votes et les positions qu'elle avait prises au congrès dans ses rapports à son syndicat.

Au congrès, Mary a vendu sept exemplaires de la brochure antinucléaire de Pathfinder rédigée par Fred Halstead et quelques exemplaires du *Militant*. Mais elle n'a pas fait le tour de la salle du congrès en essayant de vendre des exemplaires du *Militant*. Cela aurait été irresponsable à la lumière de l'atmosphère anticommuniste que le président des UMWA, Sam Church, avait créée.

Mary continue de discuter le plus largement possible avec ses collègues de travail préoccupés par l'éventualité d'un rétablissement du service militaire obligatoire, par la situation économique, l'Iran, leurs conditions de sécurité, leur vie et leur avenir [3]. Un grand nombre de mineurs dans sa mine la connaissent et la respectent comme une militante syndicale, une personne qui s'intéresse aux questions sociales majeures du moment et une socialiste, tout cela dans la même personne.

Se gagner le respect comme militant syndical
Tom Moriarty a traversé une expérience semblable dans sa mine du district 31 au nord de la Virginie-Occidentale.

---

3. Voir le glossaire : Iran, révolution en.

Quand il a commencé, il voulait surtout apprendre son travail et connaître ses collègues de travail, ce qui bien sûr prend du temps. Il a pris part aux discussions en cours et, après un certain temps, il a vendu le *Militant* à quelques mineurs intéressés.

Le syndicat local auquel appartient Tom n'est pas aussi ouvert que celui de Mary. Les réunions y sont plus petites et il y a beaucoup moins de discussions. Le syndicat ne semble pas avoir été très actif. Mais quelques actions collectives ont eu lieu dans cette mine. En y participant, nous avons appris beaucoup de choses qui nous ont aidés à comprendre les forces et les faiblesses des UMWA.

Il y a environ un an, la fraction a conclu que le syndicat local de Tom était un bon endroit pour tenter d'amener les UMWA à organiser une réunion de soutien aux grévistes de Jericol dont j'ai parlé plus tôt. Nous pensions que cela pourrait peut-être servir d'exemple à d'autres syndicats locaux dans le district. Nous savions que la direction internationale des UMWA ne voulait pas faire campagne pour soutenir les grèves de Jericol ou de Stearns [4].

---

4. En 1976, les travailleurs de la mine Stearns, dans le sud-est du Kentucky, ont voté par une majorité de 3 contre 1 pour adhérer aux UMWA. Le vote en faveur de la syndicalisation s'est tenu trois semaines à peine après l'explosion dans une mine de Scotia, au Kentucky, qui avait fait 26 morts. Cette mine appartenait également à Blue Diamond Coal. Les mineurs de Stearns ont déclenché une grève au début de 1977 lorsque Blue Diamond a refusé de reconnaître la disposition de l'accord avec les UMWA qui donnait aux comités de sécurité élus par le syndicat le droit d'arrêter la production en cas de conditions de travail dangereuses. Après une bataille de trois ans, le bureau exécutif international des UMWA a conclu une entente avec Blue Diamond sur la tenue d'une autre élection de représentation syndicale, au cours de laquelle les membres du syndicat jaune de la compagnie, qui étaient plus nombreux que les mineurs en grève, ont eu le droit de voter. Les mineurs des UMWA ont boycotté le vote truqué qui s'est tenu en mai 1979. La grève a pris fin peu après.

Le manque de solidarité et d'action en soutien à ces deux batailles s'inscrivait dans la retraite de la direction du syndicat sous la conduite de son ancien président Arnold Miller, élu pour la première fois en 1972 à l'apogée du mouvement des Mineurs pour la démocratie dans les UMWA [5]. Mais nous pensions que la lutte avait atteint un tel niveau qu'il devenait possible de faire bouger les choses et qu'il valait la peine d'essayer.

Pour l'avenir des UMWA, il était important de repousser l'offensive antisyndicale dans l'est du Kentucky. Nous savions que d'autres mineurs comprendraient aussi que les attaques seraient un jour dirigées contre des sections plus fortes des UMWA, comme cela se produit maintenant dans le sud-ouest de la Virginie. Tom en a discuté avec le président de son syndicat local et, au cours de la réunion syndicale, le président a proposé d'entrer en contact avec d'autres syndicats locaux du district 31 dans le but d'organiser un meeting pour soutenir la grève à Jericol. Pendant un temps, les choses semblaient bien avancer, mais les dirigeants du district sont alors intervenus et ont mis le holà.

Tom a été, par la suite, la cible d'attaques anticommunistes et de menaces physiques de la part d'éléments droitiers. Mais tout ce qu'il avait dit et fait jour après jour lui avait gagné le respect d'une couche de mineurs qui l'ont soutenu. Il n'était pas isolé et les attaques anticommunistes ont fait long feu.

Quelques mineurs voulaient continuer la lutte pour organiser un meeting de soutien à la grève de Jericol. Mais la fraction a conclu qu'il valait mieux de laisser tomber plutôt que de se lancer dans un combat perdu d'avance. Nous en avons discuté avec d'autres mineurs impliqués et nous les avons convaincus. Au cours de cette lutte, Tom

---

5. Voir le glossaire : Mineurs pour la démocratie (MFD).

s'est rendu à plusieurs reprises dans le comté d'Harlan. Il y a rencontré des mineurs et en a rendu compte aux travailleurs de sa mine.

Tom a aussi organisé une rencontre avec des mineurs intéressés à construire un meeting pour le syndicaliste sud-africain Drake Koka, qui faisait une tournée aux États-Unis à la fin de 1978 et parlait de la place des travailleurs et des syndicats dans la lutte contre le régime suprémaciste blanc d'Afrique du Sud. Tom a contacté des mineurs de sa mine et quelques abonnés au *Militant* dans d'autres mines. Il leur a parlé de l'apartheid en Afrique du Sud et de son importance pour les travailleurs américains.

Tom a pu réunir plusieurs travailleurs dans la maison de l'un d'entre eux pour discuter de cette question et de la façon de construire le meeting de Drake Koka à Morgantown. Cela nous a aidés non seulement à construire cet événement mais, plus encore, à renforcer nos contacts avec un groupe de mineurs noirs. L'un de ces mineurs a ensuite pris la parole lors d'un meeting de la campagne des travailleurs socialistes en faveur de Rosalinda Flint, la candidate du parti pour le sénat américain en Virginie-Occidentale en 1978.

Tom a eu une autre expérience importante grâce à son travail en soutien aux camarades de Birmingham victimes d'une attaque alors qu'ils vendaient le *Militant* à l'entrée d'une mine [6]. Que des mineurs soient physiquement privés de leur droit de vendre le *Militant* a scandalisé plusieurs mineurs qui voyaient Tom et le *Militant* comme une

---

6. En juin 1979, alors qu'ils vendaient le *Militant* aux portes de la mine de charbon Concord d'US Steel, à Birmingham en Alabama, Nelson Blackstock et Eric Flint ont été violemment agressés par des brutes armées de battes de baseball et de clés à molette. Des membres du syndicat des Mineurs unis d'Amérique de tout le pays et d'autres syndicalistes ont condamné cette attaque commanditée par la compagnie.

source d'information digne de foi sur leur lutte et celles d'autres travailleurs. Comme certains d'entre eux l'ont dit, ce qui les a particulièrement choqués, c'est l'idée que des mineurs se voient nier le droit de lire le *Militant*. Tom a organisé une campagne de télégrammes et tous ont envoyé des messages.

Tom a également participé aux discussions qui ont eu lieu lors des réunions syndicales sur la sécurité, la santé, le congrès, etc. Comme dans le cas de Mary, la fraction a discuté des points sur lesquels on voulait mettre l'accent et Tom a utilisé son bon sens pour saisir le bon moment.

Quand nous allons dans les mines, nous devons prouver aux mineurs de quel côté nous sommes. Nous devons montrer que nous sommes du côté du syndicat, c'est-à-dire du travailleur, et contre les patrons. C'est notre camp, bien sûr, mais les mineurs ne le savent pas. Comment le pourraient-ils ? Ils ont entendu pendant des années des mensonges anticommunistes provenant de la compagnie, mais restés sans réponse. Ils ont aussi observé divers courants maoïstes et ultragauches qui nous ont précédés dans les mines. Lorsqu'ils entendent dire que tu es socialiste, beaucoup pensent d'abord que tu es contre le syndicat et que tu créeras des obstacles à la lutte pour défendre les intérêts des mineurs.

Par nos actions et nos discussions, nous montrons que nous sommes des combattants efficaces pour le syndicat et la classe ouvrière.

Désamorcer une chasse aux sorcières

Je voudrais aussi citer l'exemple de notre camarade Susan Ellis dans les mines en Alabama. Dans ce cas, nous faisions face à quelques difficultés particulières. Susan a commencé son travail à l'été 1979, peu après que la chasse aux sorcières anticommuniste a atteint son apogée à la mine Jim Walter Brookwood n° 4 de Birmingham.

Nous voulions évidemment que ses camarades de travail découvrent Susan comme une socialiste qui a des idées sur toutes sortes de questions et des propositions sur comment lutter pour notre classe et vaincre. Mais nous savions qu'il faudrait un peu plus de temps pour y arriver. Il fallait d'abord laisser l'atmosphère anticommuniste s'atténuer dans les mines de la région de Birmingham.

Cette évaluation s'est confirmée lorsque Susan a démarré sa formation de deux semaines. L'instructeur de la compagnie a consacré une bonne partie du temps en classe aux « filles communistes » de Brookwood n° 4 ; il a menacé de blesser ou même de tuer tout « communiste » dans sa mine (je reviendrai sur cet incident plus tard). Il cherchait à intimider non seulement les socialistes mais toutes les femmes de la mine.

Nous voulions que Susan se fasse des amis, en apprenne plus sur le syndicat, se familiarise avec des questions comme la sécurité et les lois concernant le travail dans les mines de surface en Alabama. C'est exactement ce qu'elle a fait. Elle a traversé des expériences qui allaient de doléances au travail jusqu'à la grève. On la connaît comme une syndicaliste et comme une mineure qui croit fermement, comme les autres travailleuses, que les femmes devraient avoir des chances égales dans les mines.

Elle était en bonne position lorsque s'est tenue la Conférence des femmes des UMWA en novembre 1979. Elle en a parlé avec quelques amis dans la mine et ensuite avec la direction du syndicat local. Il n'y a pas eu d'objection et elle s'est rendue à la conférence. À son retour, elle en a donné un compte rendu à un certain nombre de mineurs intéressés, particulièrement à d'autres femmes. Elle leur a parlé de la manifestation qui s'était tenue le mois précédent à Richmond sous le patronage des Syndicats pour l'égalité des droits maintenant [7].

Susan n'est pas encore connue dans sa mine comme socialiste. Mais elle continue à se joindre aux luttes qui se développent et à faire du travail politique autour d'importantes questions sociales comme l'ERA. Elle va continuer à exprimer ses opinions sur beaucoup de questions. Et quand le moment et le sujet seront opportuns, elle dira à quelques camarades de travail que la somme de tous ces points de vue fait d'elle une membre du Parti socialiste des travailleurs.

∽

Avec chacun des camarades qui sont entrés dans les mines au cours des derniers mois, nous nous sommes appuyés sur ce que nous avions appris lors de nos expériences initiales. Nous avons avancé avec chacun d'eux, pas à pas, en nous intégrant dans la force de travail, avec des discussions de l'ensemble de la fraction à chaque nouveau pas. Nous ne voulions pas empêcher les camarades de prendre des initiatives, mais au contraire leur donner la confiance nécessaire pour agir avec toute l'audace que leur situation permettait.

Grâce au travail des deux dernières années, nos petites forces pourraient avoir eu un impact réel sur un gain réalisé dans les UMWA au niveau national : la place des femmes dans les UMWA. Nous ne sommes pas un élément insignifiant de ce grand changement dans les régions

---

7. Les Syndicats pour l'égalité des droits maintenant (LERN) était une coalition de syndicalistes qui s'était constituée en Virginie en 1977 en soutien à l'Amendement pour l'égalité des droits (ERA). Le 13 janvier 1980, cette coalition a organisé une manifestation nationale de quelque 5 000 personnes à Richmond, en Virginie, pour la ratification de l'ERA.

minières. En 1973, selon les registres, il n'y avait aucune mineure de fond. Aujourd'hui, il y en a plus de 2 500. Dix d'entre elles sont de nos camarades. Si vous y réfléchissez un instant, c'est plutôt un gros pourcentage. Nous faisons partie intégrante de ce nouveau développement.

Dans la mesure où ces mineures sont devenues plus confiantes et grâce à l'initiative et au parrainage nécessaires du Projet d'emploi dans les mines de charbon (CEP), la première conférence des mineures s'est tenue en juin 1979 [8]. On y a débattu des problèmes quotidiens auxquels les femmes font face et, comme vous le diront les camarades qui y étaient, on pouvait voir les mineures de charbon présentes prendre confiance à mesure que la conférence avançait. Nous (et « nous », à ce moment-là, ce n'étaient que deux camarades : Mary Zins et Clare Fraenzl), avons joué un rôle clé pour empêcher les maoïstes et les autres sectes de faire reculer les droits des femmes dans les UMWA. Les maoïstes sont venus avec l'intention d'utiliser ces femmes pour attaquer la direction d'Arnold Miller. Nous étions là dans l'espoir de faciliter ce nouveau développement de femmes syndicalistes qui luttaient pour leurs droits.

Il est possible que la conférence officielle des femmes des UMWA qui a suivi n'aurait pas eu lieu du tout si nous n'avions pas proposé à la conférence organisée par le CEP

---

8. Le rassemblement à l'initiative du Projet d'emploi dans les mines de charbon s'est tenu à Institute, en Virginie-Occidentale, près de Charleston. Quelque 200 personnes y ont participé, y compris 75 mineures venues de Virginie-Occidentale, de Pennsylvanie, d'Illinois, du Kentucky, de Virginie, du Nouveau-Mexique et du Wyoming. Le CEP avait été formé en 1977 pour aider les femmes à trouver des emplois dans les mines de fond. Dirigé par Betty Jean Hall, une avocate de l'est du Kentucky, le CEP s'est aussi associé par solidarité aux grèves des UMWA et à d'autres activités du syndicat. Comme l'emploi des femmes dans les mines déclinait, le CEP a cessé de fonctionner en 1999.

que la prochaine conférence soit parrainée par le syndicat. Cette proposition était très populaire parmi les femmes des régions minières et, en raison de cette pression, une conférence nationale des femmes des UMWA a été convoquée sous la signature d'Arnold Miller pour novembre 1979.

Malgré le court préavis, nous l'avons construite de toutes les façons possibles. Deux camarades ont participé à la conférence à titre de déléguées officielles de leurs sections locales. Elles devaient en faire un compte rendu lors de leurs assemblées syndicales locales. Presque toutes nos camarades ont amené des compagnes de travail à cette conférence [9].

Nous voulions promouvoir la confiance en soi des femmes dans les mines et renforcer la conscience de classe des mineurs concernant les programmes d'action positive. Nous rejetions l'idée d'organiser les mineures en opposition à la direction des UMWA. Nous avons reçu un accueil enthousiaste lorsque nous avons présenté la marche des Syndicats pour l'égalité des droits maintenant (LERN), qui devait avoir lieu en janvier à Richmond. Nous avons vendu des *Militant* et rencontré beaucoup de gens dont certains sont restés en contact avec nous.

Dans presque toutes les mines où nous avions des camarades, nous avons pu parler de la marche dans nos syndicats locaux. Un syndicat local l'a officiellement appuyée. Dans d'autres syndicats locaux, nous en avons parlé mais sans faire la sottise de proposer que le syndicat l'appuie, car cela aurait été rejeté. Mais dans presque tous nos syndicats locaux, une véritable discussion a eu lieu sur ce qu'est

---

9. Soixante-dix mineures ont participé à la conférence parrainée par les UMWA sur « les femmes syndicalistes dans les mines, » qui s'est tenue le 10 novembre 1979 à Charleston en Virginie-Occidentale.

l'Amendement pour l'égalité des droits, ce qu'il signifie pour les hommes comme pour les femmes, quel serait son impact sur le système d'ancienneté et ainsi de suite.

C'est parmi nos compagnons de travail que nous faisions notre travail le plus important. La fraction a tout mis en oeuvre pour construire un contingent des UMWA à la marche. Ça a été un grand succès.

Leçons d'un recul
Nous avons connu un revers majeur au cours de nos deux premières années de travail, dans la mine Jim Walter Brookwood n° 4 en Alabama. Ce fut un revers dont nous étions responsables. Et ce fut un sacré revers. Pour elle-même et pour le parti, la fraction des mineurs se doit d'évaluer clairement ce qui s'est passé et pourquoi. Et d'en tirer les leçons.

Deux camarades, Sara Jean Johnston et Ellen Bobroff, ont été embauchées à la mine Brookwood n° 4, en juin 1979, alors qu'une guerre sévissait entre la compagnie minière Jim Walter et les UMWA. La compagnie voulait détruire le syndicat local. Dans un article signé publié dans le *Militant*, Sara et Ellen ont décrit ce qui se passait et cité Dave Lawson, l'inspecteur international des UMWA pour la sécurité au travail. Celui-ci avait présenté un rapport à la première réunion des membres du syndicat local à laquelle Sara et Ellen avaient assisté. Dans leur article, elles avaient cité Dave Lawson. Celui-ci avait dit : « Je n'ai jamais vu de ma vie une telle accumulation de violations [de la sécurité] dans une mine et l'État ne fait rien. » Il avait ajouté : « Frères et soeurs, dans cette mine, il y a une bombe à retardement prête à exploser. Vous, les mineurs, êtes les seuls qui peuvent l'en empêcher. Nous devons contraindre Jim Walter à honorer la clause de sécurité contenue dans le contrat.

« Comprenez bien. En engageant des poursuites contre ces contremaîtres, les UMWA ont déclaré la guerre à Jim Walter et je peux vous garantir que la compagnie prendra tous les moyens possibles pour vous briser. »

C'était un syndicat local combatif qui luttait pour sa vie. Au cours de nos deux années d'expériences dans les bassins houillers, nous n'avions jamais rencontré une situation qui pouvait ressembler même vaguement à ce qui était en jeu dans cette mine. Si la compagnie Jim Walter avait pu briser cette section du syndical, d'autres mines de la région de Birmingham auraient subi le même sort. C'était la situation dans laquelle nous nous retrouvions.

La guerre en cours pour la sécurité au travail s'accompagnait d'une autre bataille, mais qui était secondaire. La compagnie tentait, en effet, d'affaiblir et de diviser la force de travail en s'attaquant aux mineuses, dont plusieurs étaient nouvelles dans les mines. Très peu de temps après avoir commencé à travailler dans la mine, nos camarades se sont jointes à un grief pour arriérés de salaire, déposé par le syndicat pour défendre un certain nombre de mineuses. Le syndicat a eu gain de cause.

C'est alors, au tout début, que nous avons commencé à commettre des fautes, pour lesquelles la fraction tout entière porte la responsabilité. Ellen et Sara ne travaillent plus dans la mine mais nous les avons invitées à cette réunion de fraction pour qu'elles participent à notre discussion sur cette expérience.

Les initiatives que nous prenions avaient bien entendu des conséquences sur le syndicat et les travailleurs de la Brookwood n° 4. Le problème central, c'est que la fraction n'y a pas soigneusement réfléchi et n'en a pas discuté collectivement. Nous arrivions dans cette mine. Il nous fallait évaluer la situation. Il nous fallait écouter et apprendre. Il nous fallait du temps pour nous mériter le respect comme travailleuses et comme membres du syndicat.

En écrivant un article pour le *Militant* sur une réunion syndicale exclusivement pour les membres et en citant abondamment les propos d'un responsable des UMWA, nous avons déclenché toute une succession d'événements. Que l'article soit signé par deux camarades qui travaillaient à la mine depuis seulement quelques semaines a considérablement amplifié les dégâts.

À la réunion de la fraction nationale en Ohio une semaine plus tard, nous avons approfondi les erreurs. Tous les signaux étaient là, pourtant, et nous aurions dû les voir. Mais nous n'avons pas clairement compris qu'une guerre avait lieu à la Brookwood n° 4 entre les UMWA et la compagnie. Il nous aurait fallu assimiler cette situation *avant d'entreprendre quoi que ce soit*. Mais nous n'avons organisé aucune discussion concrète sur ce qui se passait à la mine. Au lieu de cela, la fraction a discuté en général de comment les camarades dans les mines pouvaient soulever des questions politiques et faire savoir aux autres travailleurs qu'ils étaient socialistes. Les deux camarades ont quitté la réunion en pensant qu'à leur retour au travail elles devaient montrer ce numéro du *Militant* à quelques amis dans la mine.

La fraction nationale des mineurs avait déjà eu quelques expériences avec des articles signés portant sur des réunions syndicales et elle en avait discuté. En réfléchissant un peu, nous aurions pu corriger complètement notre orientation désastreuse. La fraction aurait dû reconnaître qu'en publiant cet article, nous avions fait une erreur et elle aurait dû, par conséquent, décider que les camarades *ne vendraient pas* ce numéro à Birmingham et espérer que personne d'autre ne l'enverrait à la compagnie.

L'article a donné à la compagnie et à ses agents de droite le motif qu'ils cherchaient. La campagne anticommuniste et la violence qui ont suivi ont changé radicalement le rapport de force. D'une force unifiée en guerre contre la compagnie minière, le syndicat s'est replié sur lui-même ; les membres ont commencé à s'affronter sur la question du « communisme ». Ce que la compagnie n'avait pas réussi à obtenir par ses attaques contre les droits des femmes et par d'autres tactiques, elle l'a obtenu avec l'anticommunisme. Elle a divisé le syndicat et a détourné la lutte en cours, celle de la guerre pour les conditions de sécurité.

Ce n'était pas notre intention, évidemment, mais c'est ce qui est arrivé. Nous avons nui à la lutte des mineurs contre la compagnie et nous avons permis aux patrons de porter un coup important au syndicat. Nous avons nui au syndicat.

Notre action a aussi conduit à de graves représailles contre nos camarades et d'autres mineurs à Brookwood. On a lancé des bombes incendiaires dans leur voiture, crevé leurs pneus et mis leur vie en danger. Ce climat de terreur intimidait tout le monde. Les compagnons de travail qui se sont portés à notre défense étaient de bons travailleurs, courageux, et ils nous ont aidés au prix de grands risques personnels. Le fait que nous n'avons pas été complètement isolés malgré notre inexpérience et nos erreurs ne justifie pas ce que nous avons fait. Les travailleurs les plus avancés ont compris que ce serait un recul encore plus important pour le syndicat si quelqu'un était blessé par les voyous de droite. Ils nous ont aidés pour cette raison.

Nous devons assumer la responsabilité pour les torts causés aux autres mineurs qui ont subi des représailles à cause de nos actions. Les patrons ne plaisantent pas. Ce que *nous faisons* affectent les événements et les personnes,

« Nous, les communistes, agissons avec nos collègues de travail ouvertement et de manière audacieuse. Nous disons qui nous sommes et ce que nous défendons, sans jamais prétendre être autre chose. »   Jack Barnes, 2019

Bluefield Daily Telegraph

Socialist Workers' Candidate Suspended From Mining Job

Un candidat socialiste suspendu de son poste de mineur

Des mineurs combattent les menaces à la sécurité, les licenciements

CHARLESTON (AP) — William Hovland, the Socialist Workers candidate for U.S. Senate, says his suspension from his coal mining job is "an attack on the right of workers to run for office."

"My discharge is part of a concerted and frontal assault on UMW Local 2095 at the Kitt mine," Hovland said. "This is part of an overall attempt by corporations in this country to bust our unions.

"As a candidate for U.S. Senate, I believe this is an attack on the right of workers to run for office."

LE 30 SEPTEMBRE 1982

THE MILITANT

A SOCIALIST NEWSWEEKLY PUBLISHED IN THE INTERESTS OF WORKING PEOPLE

Miners fight safety cuts, firings

BY JOHN STUDER

PHILIPPI, West Virginia — A victory has been won in an ongoing battle taking place here between Old Ben Coal, a subsidiary of Standard Oil of Ohio (SOHIO), and 600 members of United Mine Workers Local 2095 at Kitt mine #1.

This running battle came to a head on September 22 when Old Ben framed up and "suspended with intent to discharge" miner Bill Hovland.

Hovland has worked in the mine since January 1981. He is currently on the ballot as Socialist Workers Party candidate for U.S. Senate in West Virginia.

As a number of miners put it, Hovland's suspension was "the straw that broke the camel's back."

On October 4 the miners in Local 2095 won Hovland's job back.

Over the last year, miners at Kitt #1 have been subjected to a deepening company campaign to worsen working conditions, slash safety in the mine, and to victimize union activists.

Kitt #1 has a reputation as one of the most dangerous mines in Mine Workers district 31, which covers northern West Virginia.

LE 15 OCTOBRE 1982

Virginie-Occidentale, septembre 1982. Quelque 600 mineurs de charbon syndiqués ont cessé la production à la mine Kitt numéro 1 pendant trois jours pour protester contre le licenciement de Bill Hovland (photo). Celui-ci était candidat du Parti socialiste des travailleurs au Sénat. Il a pu retrouver son emploi grâce à cette grève déclenchée en plein milieu de licenciements et d'attaques contre les conditions de sécurité au travail.

Cette mine, propriété de la Standard Oil de l'Ohio, avait le taux d'accidents de travail le plus élevé de la région et les concentrations de méthane les plus élevées au pays. Quatre effondrements de plafonds s'y étaient produit.

Le licenciement de Bill Hovland a été « la goutte qui a fait déborder le vase, » a indiqué un collègue de travail. Les mineurs ont obligé les patrons à reculer.

leur vie et leur gagne-pain. C'est une responsabilité à laquelle nous devons réfléchir.

Ce sont tous ces éléments qui ont conduit notre parti à décider que Sara et Ellen devaient quitter la mine.

À mesure que notre parti s'implantera plus profondément dans la classe ouvrière et les syndicats et à mesure que se produiront d'autres escarmouches, plus importantes, dans la lutte des classes, nous affronterons de nouveau ce type de situations. Nous gagnerons plus de respect politique et nous recruterons à notre parti sur la base de notre programme et de nos capacités comme dirigeants, que nous démontrerons par nos actions.

Être dirigeant ne veut pas dire être sous le feu des projecteurs. C'est plutôt d'avoir la capacité, avec d'autres travailleurs, de diriger notre classe vers des victoires. Nous devons savoir faire la différence entre une victoire et une défaite. À Brookwood n° 4, nous n'avons rien gagné. Les UMWA ne sont pas un syndicat faible. Mais la lutte a subi un important revers.

Le parti aussi a subi un revers. Nous avons perdu une possibilité de nous établir en tant que syndicalistes et combattants lutte de classe sérieux et efficaces, d'acquérir de l'expérience et de recruter au parti. Nous avons laissé les ouvriers de toute une mine, ainsi que leurs camarades de travail et amis qui travaillaient ailleurs, confus sur ce qu'est le Parti socialiste des travailleurs et ouverts aux calomnies de la compagnie contre nous. C'est une situation que nous ne pourrons changer du jour au lendemain.

Ce que nous devons faire maintenant c'est de tirer les leçons et de continuer à construire notre fraction. Notre objectif est de constituer une grande fraction de mineurs en Alabama et nous sommes certains que la branche de Birmingham pourra y arriver.

Quand nous participons à la lutte des classes, nous ne pouvons jamais garantir qu'il n'y aura pas de représailles. Cela dépend du rapport de force, ce qui est hors de notre contrôle. Nous avons la responsabilité, cependant, de minimiser les représailles *inutiles* : contre nous et, par-dessus tout, contre ceux qui se portent à notre défense et restent derrière quand nous ne sommes plus là.

Il faut savoir que les tactiques sont toujours concrètes. Il n'y a pas de formule universelle. Chaque situation requiert un travail collectif et une direction compétente. C'est la raison pour laquelle nous construisons des fractions. C'est la raison pour laquelle nous avons un parti.

La formation d'un bureaucrate syndical

MARVEL SCHOLL

Marvel Scholl, une cadre du Parti socialiste des travailleurs pendant 50 ans, a été une dirigeante de l'organisation auxiliaire des femmes pendant les grèves de 1934 et la campagne de syndicalisation de la section locale 574 (plus tard 544) du syndicat des Teamsters à Minneapolis, au Minnesota. Elle a fait partie de l'équipe de permanents de la Section des travailleurs fédéraux du syndicat qui organisait les chômeurs pour défendre leurs intérêts pendant la grande dépression. Marvel Scholl a contribué au *Northwest Organizer*, l'hebdomadaire des Teamsters de Minneapolis. Dans les années 60 et 70, elle a écrit régulièrement des articles pour le *Militant*, y compris, pendant de nombreuses années, la chronique « Piquet de grève national. » L'article qui suit est paru dans le numéro du 14 avril 1972 du *Militant*.

Parmi les nombreux nouveaux lecteurs du *Militant*, beaucoup n'ont jamais été syndiqués. Il est donc possible qu'ils ne sachent pas vraiment ce que signifient les mots

« bureaucrate » et « bureaucratie » tels qu'on les applique au mouvement syndical organisé. Ils les confondent peut-être avec les fonctionnaires du gouvernement, qui emballent tout dans des tonnes de paperasse afin de maintenir le statu quo.

Si les bureaucraties gouvernementales et syndicales se ressemblent à beaucoup d'égards, elles se distinguent presqu'autant, notamment dans la *manière* dont chaque type de bureaucrate ou de bureaucratie est devenu ce qu'il est.

L'appareil syndical, en particulier aux échelons supérieurs, se compose de responsables élus qui ont interprété les statuts de leur syndicat international de manière à pouvoir pratiquement se perpétuer dans leur poste, certains à vie mais la plupart, en tout cas, longtemps après qu'ils ont cessé d'être utiles. Ils y arrivent en truquant les congrès où sont élus la plupart des responsables internationaux ou par des procédures de vote douteuses lors de scrutins référendaires. Mais les hommes et les femmes qui composent cette coterie sélecte ne sont pas ceux dont je voudrais parler.

Ceux qui nous intéressent ici, ce sont les hommes et les femmes des échelons inférieurs et intermédiaires de la hiérarchie, les agents d'affaires et les organisateurs. Ce sont ceux qui sont directement chargés de maintenir l'ordre dans les rangs, de contrôler les rangs pendant les grèves et de les faire voter pour les « amis des travailleurs » au sein du Parti démocrate.

Certains de ces responsables syndicaux du bas de l'échelle « ont accédé au gâteau, » comme disent les travailleurs en parlant de ceux qui sont devenus salariés du syndicat avec des intentions malveillantes et qui étalent leur militantisme dans l'usine principalement pour servir leurs propres ambitions.

Mais beaucoup d'autres y sont parvenus par d'autres voies : en étant aspirés vers les échelons supérieurs pour qu'ils cessent de gêner les patrons et les imposteurs au sein du syndicat.

Prenons l'exemple, loin d'exceptionnel, d'un syndicaliste militant transformé en bureaucrate typique.

Joe Jones travaillait à la chaîne dans une usine automobile à côté de son meilleur ami, Jack. Leurs familles se côtoyaient étroitement. Jack était un bon militant syndical, sans être agressif. Il appréciait ce que faisait Joe et le soutenait en tant que délégué du comité syndical des griefs.

Joe travaillait dur pour tenter de régler les nombreux griefs que déposaient les travailleurs du rang. Il croyait sincèrement qu'il fallait faire respecter le contrat de travail à la lettre.

C'était un vétéran de la seconde guerre mondiale. Il avait adhéré au syndicat après sa démobilisation de l'armée. Il venait d'une vieille famille de syndicalistes. Son père et son grand-père avaient tous deux participé à la grande vague de grèves des années 30. Il avait écouté bon nombre de leurs histoires à propos de cette période durant laquelle les membres de ces nouveaux syndicats industriels contrôlaient leur propre direction.

En tant que chargé des griefs, il essayait de faire son travail. Aux yeux de l'entreprise et de la hiérarchie syndicale locale, il devenait « une mouche du coche. » À un moment donné, exaspéré par le nombre croissant de griefs non réglés dans son domaine, il s'est battu avec un contremaître et a été licencié. La nouvelle s'est répandue dans l'usine comme une trainée de poudre et tous les hommes ont débrayé. Joe a retrouvé son emploi.

La direction et le syndicat savaient désormais qu'ils devaient faire quelque chose à propos de Joe.

La direction a décidé de lui offrir un poste de superviseur. C'était un vieux truc qui réussissait parfois à transformer un ancien militant syndical en un des meilleurs hommes au service de la compagnie.

Mais les responsables syndicaux ont devancé la compagnie. Ils avaient discuté du cas de Joe et décidé que la meilleure façon de le contrôler était de lui faire monter les échelons jusqu'à lui donner un poste syndical rémunéré.

Après une certaine hésitation, Joe a accepté. Il pensait qu'un tel poste lui permettrait de mieux aider ses propres hommes dans l'usine.

C'est ainsi qu'il a commencé. Ses collègues organisateurs l'ont averti que ses efforts seraient vains, mais il a essayé quand même. Il gardait un contact étroit avec ses anciens amis de la chaîne de montage, visitait l'usine tous les jours, faisait pression pour aboutir à des règlements définitifs sur les griefs et les violations de contrat de travail. Lors de réunions avec la direction et les responsables syndicaux au-dessus de lui, il a commencé à avoir l'impression de combattre deux ennemis.

Il avait beaucoup d'accrochages et a envisagé de retourner à l'usine mais son salaire bien plus élevé de bureaucrate syndical l'en a empêché. Sa famille avait maintenant une nouvelle maison dans un quartier beaucoup plus agréable et une nouvelle voiture. Ce « meilleur mode de vie » était en train de changer complètement la manière de voir de Joe. Il a cessé d'aller à l'usine tous les jours. Il évitait les délégués du comité des griefs qui l'assaillaient dès qu'il arrivait à l'usine. Il passait de moins en moins de temps avec son meilleur ami, Jack.

Il n'aimait pas beaucoup ce qu'il devenait, mais il s'accrochait à l'idée qu'il pouvait encore faire quelque chose de concret pour les travailleurs de l'usine.

Peu à peu, il s'est accommodé à son nouveau rôle. Il a commencé à accepter les frustrations qui l'accompagnaient. Il devenait simplement un autre bureaucrate de bas échelon : un « dirigeant » qui guettait les opportunités de promotion au sein de la hiérarchie.

Ses anciens amis ont vu Joe changer, de militant combatif à bureaucrate bien formé, apprivoisé et satisfait : un bureaucrate qu'ils ne pouvaient pas déloger. Ils ne l'avaient pas élu, ils ne pouvaient donc pas recourir aux statuts du syndicat pour le révoquer.

Joe s'est rangé de plus en plus du côté de la bureaucratie syndicale aux niveaux du district, du local ainsi que de la direction internationale. On l'avait enfin domestiqué.

Le tournant et la construction d'un mouvement communiste international

Un congrès mondial de la Quatrième Internationale a adopté le rapport qui suit en novembre 1979 [1]. Jack Barnes a présenté le rapport au nom du Secrétariat unifié, l'instance de direction élue de la Quatrième Internationale. Le vote a été de 77 pour et 17 contre. Dix-neuf délégués se sont abstenus ou n'ont pas voté.

Cependant, contrairement au cours que suivaient le SWP et les partis de plusieurs autres pays, les dirigeants de la plupart des organisations représentées au congrès n'ont pas effectué le tournant vers l'industrie tel qu'adopté, et, rapidement, des divergences politiques sur d'autres questions se sont développées. À la fin des années 80, pour continuer à promouvoir le cours internationaliste prolétarien tracé par Lénine et la direction de l'Internationale communiste à ses débuts, le SWP et les Ligues communistes d'Australie, du Canada, de la France, de l'Islande, de la Nouvelle-Zélande,

---

1. Voir le glossaire : Quatrième Internationale.

du Royaume-Uni et de la Suède ont tous décidé de se dissocier de la Quatrième Internationale et de ce qu'elle était devenue.

De la résolution politique soumise au congrès par la majorité du Secrétariat unifié découle une conséquence pratique fondamentale qui *éclipse toutes les autres* : les sections de la Quatrième Internationale doivent effectuer *un tournant radical* pour s'organiser immédiatement afin qu'une large majorité de nos membres et de nos dirigeants soient dans l'industrie et dans les syndicats industriels.

Je ne reviendrai pas en détail sur les changements structurels, démographiques et économiques qui étayent cette décision. La résolution politique souligne le poids grandissant du prolétariat dans chacun des trois secteurs de la révolution mondiale : les puissances impérialistes, les pays dans lesquels les relations sociales capitalistes ont été renversées et les nations opprimées d'Asie et du Pacifique, d'Afrique et du Moyen-Orient, de l'Amérique latine et des Caraïbes. La résolution souligne également les explosions urbaines et les formes prolétariennes d'organisation qui ont été et qui continueront d'être au centre des soulèvements révolutionnaires dans les années à venir.

Ces facteurs structurels sur lesquels se fonde le tournant se combinent à deux autres éléments : d'une part la stagnation à long terme du système capitaliste mondial et l'offensive antisyndicale qu'elle engendre ; et d'autre part le fait que la bourgeoisie entre dans cette crise en faisant face à une classe ouvrière invaincue.

Cette crise *capitaliste* s'accompagne d'une crise croissante du *système impérialiste mondial*.

Tout ceci rend la situation mondiale plus explosive. Dans ces conditions, des gestes posés par les oppresseurs ou par les opprimés peuvent déclencher des forces incontrôlées. Nous l'avons vu en Iran, à la Grenade et au Nicaragua au cours de la dernière année. Mais ce potentiel explosif ne se limite pas au monde semi-colonial.

Un autre facteur conjoncturel très important vient s'ajouter : la récession mondiale de 1974-1975, la première récession généralisée à l'échelle mondiale depuis les années 30. Cette récession a déjà poussé la classe dominante à travers le monde à intensifier ses attaques contre la classe ouvrière, contre tous les opprimés et contre les droits politiques dont les masses ont besoin pour s'organiser et riposter. Pour les dirigeants, il ne s'agit pas d'une tactique ou d'une politique à court terme. C'est une politique fondamentale que les réalités économiques les *obligent* à appliquer.

La cible ultime de la politique d'austérité de la classe dirigeante, ce sont les travailleurs industriels, pour les mêmes raisons qui ont fait que ces travailleurs ont été au centre de notre stratégie depuis la fondation du marxisme. Parmi ces raisons, il y a la force économique des travailleurs industriels, leur poids social et l'exemple qu'ils donnent à l'ensemble de la classe. Ajoutons à cela la capacité de leurs syndicats d'influencer les salaires, les conditions de travail et de ce fait l'ensemble du cadre social de la lutte des classes ; leur force politique potentielle qui en résulte face à la classe ennemie ; et l'obstacle qu'ils constituent pour les solutions droitières de la bourgeoisie.

Les travailleurs industriels sont la source de la plus grande partie de la plus-value accaparée par la classe dirigeante et que se partagent les secteurs rivaux du capital, industriel, bancaire, commercial et autres, par le biais de la concurrence nationale et internationale. Dans le monde actuel en crise, dans ce monde où stagnent les profits venant de l'expansion des usines et des équipements industriels, le poids de ce que Marx appelait le capital fictif augmente dans le partage, parmi les concurrents capitalistes, des richesses créées par la transformation de la nature à travers le travail productif.

Les travailleurs industriels produisent la plus grande partie de *toute cette plus-value*, peu importe quels capitalistes rivaux finissent par l'accaparer : les fabricants, les grossistes ou détaillants, les intérêts immobiliers ou les banquiers et spéculateurs financiers. La classe ouvrière industrielle est l'ennemi ultime que les dirigeants capitalistes doivent vaincre pour résoudre la crise économique et sociale de leur système de profit.

La classe dominante ne peut pas permettre que ces travailleurs industriels organisent la *solidarité* avec d'autres travailleurs, avec les opprimés et avec leurs alliés à travers le monde. Elle ne peut pas permettre que les travailleurs industriels développent la *démocratie syndicale* de façon à organiser et mieux utiliser la puissance de la classe ouvrière, d'autant plus que l'utilisation résolue de cette puissance peut servir d'exemple à tous les exploités et opprimés.

Autrement dit, la classe dirigeante ne laissera pas se développer *et s'organiser une aile gauche de lutte de classe dans le mouvement ouvrier* sans livrer une énorme bataille.

L'offensive de la classe dominante exerce une pression accrue sur la classe ouvrière tout entière, sur les minorités nationales, sur les femmes, sur toute personne exploitée et opprimée qui lutte pour ses droits. Elle intensifie les pressions sur tous ceux qui cherchent à tracer une voie en avant, en particulier sur ceux qui cherchent une voie révolutionnaire, une perspective de lutte de classe et des alliances progressistes. C'est un aspect fondamental de la campagne d'austérité des dirigeants capitalistes et de leur offensive antisyndicale, un aspect qui s'amplifiera à mesure que l'offensive s'approfondira.

Comme l'affirme la résolution politique, les patrons ne pourront mettre fin à la crise capitaliste à long terme qu'en infligeant une défaite suffisamment grande et décisive à la classe ouvrière industrielle pour leur permettre de rationaliser et restructurer le capital, d'attaquer avec force tout soulèvement des peuples coloniaux et d'ouvrir ainsi une nouvelle période d'expansion.

Quelles conclusions devons-nous tirer de tout cela pour nous préparer ? Sur quelles hypothèses devons-nous nous appuyer pour agir ?

Qu'une radicalisation politique de la classe ouvrière, inégale et à des rythmes différents d'un pays à l'autre, est à l'ordre du jour.

Que l'offensive de la classe dirigeante provoquera de grands changements dans les syndicats industriels.

Et que la clé pour les révolutionnaires, c'est qu'il faudra faire partie du secteur décisif de la classe ouvrière avant que ces confrontations se produisent.

C'est *là* que nous trouverons les forces pour construire le noyau de partis ouvriers révolutionnaires. C'est *là* que nous trouverons les jeunes travailleurs, un nombre croissant de travailleuses, les travailleurs des nationalités opprimées et les travailleurs immigrés. C'est au sein de la classe ouvrière industrielle que les partis révolutionnaires trouveront les travailleurs intéressés à notre programme et qu'ils recruteront à notre mouvement.

Il est aussi important de prendre du recul et de considérer le tournant d'un point de vue historique plus large. La composition sociale actuelle de notre mouvement est anormale. C'est un fait historique et non pas une critique. C'est même loin d'être une critique, puisque c'est la capacité de notre mouvement, au début des années 60, de recruter parmi la nouvelle génération de jeunes qui se radicalisaient, dont beaucoup étaient des étudiants, qui nous permet aujourd'hui de faire ce tournant. Cette *possibilité* coïncide maintenant avec une *nécessité* politique pressante.

Seuls des partis prolétariens, pas seulement dans leur programme mais aussi dans leur composition et leur expérience, peuvent diriger les travailleurs et leurs alliés dans les luttes qui viennent.

Seuls des partis de travailleurs industriels pourront résister aux pressions de la classe dominante, y compris à ses pressions idéologiques. Et ces pressions augmenteront.

Seuls de tels partis pourront prendre le pouls de la classe ouvrière et éviteront ainsi de confondre leurs propres attitude, ignorance et humeur avec celles des travailleurs. En d'autres termes, seuls des partis de travailleurs industriels peuvent aller de l'avant et se tourner vers l'extérieur.

Seuls des partis de travailleurs, que les travailleurs eux-mêmes ont mis à l'épreuve *dans l'action* bien avant que les confrontations décisives se produisent, pourront se développer et montrer la voie en avant. Seul ce type de parti pourra attirer les courants militants de lutte de classe qui se dégageront et se lier à eux quand s'approfondira la crise des directions réformistes et des organisations centristes.

La continuité prolétarienne du marxisme
Nous ne sommes pas des pionniers dans ce domaine. Dans l'histoire du mouvement marxiste, ce sont les partis les plus prolétariens qui ont été les meilleurs partis : les plus révolutionnaires, les moins économistes, les plus politiques. Retournez aux bolcheviks. Retournez à Rosa Luxemburg. Retournez aux buts que s'était fixés la Quatrième Internationale à la fin des années 30, sous les conseils et la direction de Trotsky.

En fait, ce sont la tradition et l'orientation prolétariennes de la Quatrième Internationale qui nous ont permis d'arriver là où nous en sommes aujourd'hui comme organisation révolutionnaire politiquement unifiée à l'échelle mondiale, une organisation qui a les cadres nécessaires pour effectuer ce tournant. Et c'est le tournant, dirigé et exécuté universellement, qui peut seul permettre de préserver et d'enrichir notre orientation prolétarienne.

En même temps, il est crucial de reconnaître et d'affirmer clairement que le tournant *ne* veut *pas* dire de continuer à faire ce que nous faisions partout. C'est le moyen de maintenir notre orientation prolétarienne, mais pour effectuer ce tournant à l'échelle mondiale, nous devons rompre avec ce que nous faisions précédemment. C'est pourquoi nous l'appelons un *tournant*.

Ce tournant ne nous dictera aucune tactique. Dans chaque pays, ce qui dicte nos tactiques et nos campagnes, c'est la lutte des classes, le conflit entre des forces de classe. Mais le tournant affecte chacune de nos tactiques, tout notre travail politique, toutes nos institutions et chaque mode de fonctionnement du parti. Le tournant *ne suffit pas* pour profiter des opportunités qui s'offrent à nous et pour faire face aux crises que vit notre classe. Mais c'est un *prérequis* pour franchir les prochains pas. Sans lui, nous ne pourrons pas progresser.

C'est ce que la résolution politique mondiale décrit comme la tâche centrale pour la Quatrième Internationale tout entière : organiser et *diriger* la vaste majorité de nos cadres dans l'industrie et dans les syndicats industriels « sans plus attendre. »

« Nous cherchons, affirme la résolution, à construire des partis de travailleurs-bolcheviks expérimentés capables d'agir en dirigeants politiques de leur classe et de ses alliés. »

Il va sans dire que nous n'effectuerons pas le tournant exactement de la même manière dans chaque pays ou dans chaque partie du monde, que nous ayons dix membres ou un millier. Mais pour les raisons politiques et organisationnelles que nous avons discutées, le tournant est *universel* pour notre mouvement international, dans chacun des trois secteurs de la révolution mondiale. Il faut le comprendre pour que nous puissions exécuter cette tâche comme un parti mondial discipliné.

Il arrive qu'une opportunité politique, un fait sociologique et une décision de direction coïncident. Nous vivons un de ces moments. Pour permettre à notre mouvement d'avancer politiquement, nous devons simultanément faire entrer nos cadres et notre programme dans les secteurs décisifs de notre classe. Sinon, nous *ferons partie* de la crise de direction grandissante du mouvement ouvrier mondial, plutôt que de sa solution.

Expériences et leçons

Le projet de résolution politique pour ce congrès mondial a été écrit il y a un peu plus d'un an et demi. Depuis lors, notre mouvement a acquis beaucoup plus d'expérience avec le tournant. Nous avons déjà pu tester nos conclusions et nous connaissons mieux les faits que lorsque nous avons adopté la résolution. Ce rapport et cette discussion nous aideront à mieux connaître ces expériences et ces changements et, si le rapport est adopté, à les présenter par écrit à notre mouvement tout entier.

Bien entendu, à l'étape actuelle de l'application du tournant, la situation varie d'un pays à l'autre. La situation politique évolue à des rythmes différents d'un pays à l'autre. Certaines expériences importantes n'ont eu lieu que dans une seule section ou un seul secteur industriel. Nous n'en tiendrons pas compte dans la présentation et la discussion d'aujourd'hui.

Mais il y a toute une série d'expériences communes partout où nous avons sérieusement commencé le tournant :

de l'Iran au Canada, de la Suède à la Nouvelle-Zélande. Ces leçons communes sont décisives partout où la Quatrième Internationale a des forces significatives. Ce sont des leçons pour *mieux diriger dans la pratique* le prochain pas à faire dans l'exécution de cette tâche commune.

Quelles leçons pouvons-nous tirer de ces dernières années ?

Premièrement, on ne peut faire le tournant que si les dirigeants de chaque parti le dirigent. Ceci signifie que la direction doit analyser chaque lutte de classe et intervenir de manière efficace dans son développement, de manière à toujours présenter clairement à nos cadres la base politique du tournant et son application pratique.

On ne peut ni culpabiliser les camarades ni leur ordonner de faire le tournant. La direction doit les convaincre politiquement, elle doit les motiver et les organiser. Les membres *s'attendent* à être dirigés. C'est notre expérience universelle.

Mais on ne peut y arriver que si la direction elle-même va dans l'industrie. Nous ne nous contentons pas d'y faire entrer la majorité de nos membres. Nous voulons aussi y faire entrer une majorité des membres de nos instances de direction élues, aux niveaux local et national. Seule une telle direction peut mener à bien le tournant.

Deuxièmement, il faut aborder le tournant de manière collective et non individuelle. Les camarades ne le font pas par eux-mêmes. On ne les envoie pas dans une usine pour les laisser ensuite se débrouiller seuls. Chaque fois que nous avons agi ainsi, nous en avons payé le prix. Des camarades se sont démoralisés ou nous en avons perdu à nos opposants, y compris aux staliniens. Le *parti* doit effectuer le tournant de manière consciente : ce n'est pas une tâche routinière d'un petit groupe de camarades agissant à titre individuel.

Pour faire le tournant et pour faire de la politique dans l'industrie, ce qui est essentiel n'est pas ce que les camarades accomplissent individuellement, mais ce qu'ils accomplissent comme fractions et comme composante du parti. Des camarades collaborent, chacun avec ses points forts et ses points faibles, pour constituer une unité disciplinée du parti et c'est ainsi qu'ils apprennent de leurs erreurs et de leurs succès communs.

Troisièmement, l'expérience nous a appris qu'on ne peut accomplir le tournant de manière graduelle. Bien sûr, le tournant s'effectue durant un certain laps de temps. Les camarades vont dans l'industrie par vagues successives, pas tous en même temps.

Mais on ne peut présenter le tournant ni l'exécuter comme s'il s'agissait d'une campagne graduelle, routinière ou partielle. Il faut l'organiser et l'accomplir comme un geste décisif de toute l'organisation. Chaque fois qu'on a essayé d'agir autrement, le tournant s'est arrêté et a reculé, au lieu d'aller de l'avant par vagues. Si nous ne reconnaissons pas cela et si nous n'agissons pas en conséquence, nous échouerons.

Lorsque nous rassemblerons les statistiques de chaque direction nationale pour la prochaine réunion du Comité exécutif international, nous aurons une bonne idée des progrès réalisés, pays par pays, pour diriger une grande majorité de nos camarades dans l'industrie.

Quatrièmement, dans chaque pays où nous avons progressé dans le tournant, nous avons appris, parfois après quelques ratés, qu'on ne peut faire d'exception pour certains emplois, pour certaines catégories d'emplois ou pour certaines couches dans le parti. De telles exceptions deviennent des prétextes pour ne pas faire le tournant, pour ne pas y participer. Les syndicalistes qui travaillent aujourd'hui *hors* de l'industrie, dans les banques, les écoles, comme fonctionnaires, etc., ont un rôle particulièrement important à jouer pour diriger personnellement les cadres du parti qui vont dans l'industrie et faire appel à leur expérience pour construire nos fractions. Ils peuvent y apporter une direction politique et pratique essentielle.

Je crois que nous avons maintenant tranché ce qui était un faux débat : le débat opposant secteur public et secteur privé. L'important n'est pas que les capitalistes paient les camarades par l'intermédiaire de leur gouvernement ou directement par un employeur privé. L'important, c'est que nous soyons dans les usines, dans les mines, dans les manufactures, dans les centres de transport et dans les centres de communication, que ce soit dans le secteur privé ou public. *Nous voulons aller dans l'industrie et faire partie de la classe ouvrière industrielle.*

Nous ne commençons pas en cherchant où travaillent la plupart des femmes aujourd'hui ni où la bureaucratie est faible. Nous regardons où notre classe se concentre et où des batailles de classes éclateront nécessairement dans la période à venir. C'est là qu'il faudra une direction lutte de classe résolue et c'est là que nous devons aller. C'est la ligne de la résolution.

Nous cherchons les dirigeants de la classe ouvrière, ceux vers qui les autres travailleurs se tournent lorsqu'ils cherchent une direction. Certains ont déjà été élus à des postes syndicaux, mais nous n'avons pas les yeux tournés vers les dirigeants officiels à quelque niveau que ce soit. Nous gagnerons les meilleurs d'entre eux en visant les *jeunes rebelles* dans la classe ouvrière. Ces derniers seront décisifs pour nous et pour notre classe dans la période à venir. Ce sont ceux que nous voulons recruter.

Cinquièmement, reconnaître la place centrale des jeunes travailleurs permet de mieux comprendre l'importance de lancer, de reconstruire ou d'aider à renforcer nos organisations révolutionnaires de jeunesse. Avoir une organisation de jeunesse, totalement orientée vers le tournant industriel, loin de perdre de son importance, devient *plus* important alors que nous concentrons nos cadres dans l'industrie et dans les syndicats industriels.

Le mouvement marxiste international a traditionnellement reconnu la nécessité de construire des organisations de jeunesse prolétariennes qui servent d'outil central pour construire le parti. Ce besoin se fait plus pressant au moment où de jeunes travailleurs industriels rejettent le capitalisme et se tournent vers des idées et des alternatives radicales. Nous devenons plus conscients que de telles organisations de jeunesse sont une composante du tournant qui permet de profiter des occasions s'offrant à nous et de gagner à nos partis le maximum de travailleurs parmi ceux qui se radicalisent.

Ce que nous ne devons pas espérer
Nos premières expériences avec le tournant nous ont aussi appris ce que nous devons dire aux camarades de *ne pas* espérer.

Nous ne pouvons pas promettre de recruter rapidement. Ceci dépendra de comment la lutte des classes évoluera, du stade de politisation de classe et des capacités du parti.

Nous ne promettons pas que le tournant résoudra d'autres problèmes auxquels le parti est confronté. Nous pouvons cependant garantir que le tournant nous met en meilleure position pour résoudre ces problèmes et profiter des opportunités. Nous pouvons garantir que sans le tournant, ce sera le désastre.

Et finalement, nous ne promettons pas que le tournant sera indolent ou facile. Il ne le sera pas. Le tournant diffère de tout ce que nous faisons normalement et de tout ce dont nous avons l'habitude. Nous ne changeons pas de ligne politique. Nous ne corrigeons pas une erreur politique. Nous ne changeons pas de tactique. Nous ne lançons pas une nouvelle campagne.

Le tournant change la vie de milliers de camarades. Voilà la différence. Et il faut le diriger.

Partout où nous avons commencé à effectuer le tournant de manière systématique et approfondie, nous avons perdu quelques camarades. Il y a ceux que le tournant pousse à réfléchir à ce qu'ils veulent faire de leur vie, à leurs engagements et priorités personnels.

Mais la plus importante leçon que nous avons apprise, c'est que le tournant *sauve* des camarades. Il évite la démoralisation et dissipe le malaise qui s'installe lorsque nos partis n'ont pas les amarres politiques et organisationnelles nécessaires au coeur de notre classe. Il offre une perspective et une base réaliste d'où faire progresser notre travail. Des camarades ont démontré des capacités insoupçonnées lorsqu'ils sont entrés dans l'industrie et ont fait partie d'une fraction forte.

C'est un aspect crucial du tournant et une autre raison pour l'exécuter rapidement et le diriger de manière décisive.

Quelques conclusions organisationnelles

De nos premières expériences, nous avons aussi tiré du tournant certaines conclusions organisationnelles importantes. Toutes les formes d'organisation de nos partis doivent s'ajuster pour mieux réaliser le tournant.

Premièrement, les camarades qui vont dans l'industrie doivent fonctionner ensemble comme une fraction, comme une unité, peu importe le terme particulier que chaque organisation de notre mouvement international utilise. Les camarades doivent disposer de moyens formels et structurés pour prendre des décisions démocratiquement, pour former un tout politiquement cohésif, pour résoudre des problèmes, pour intégrer et former de nouveaux camarades qui vont dans l'industrie ou qui y sont recrutés.

Si on ne le fait pas, nous pouvons isoler, démoraliser et finalement perdre des camarades. Certains commencent à se sentir personnellement responsables des progrès que le parti faits et personnellement responsables des échecs ou des revers. Nous effectuons notre travail de manière collective dans tous les autres domaines et c'est ainsi que nous devons effectuer le tournant. Il est crucial d'utiliser les fractions pour organiser et diriger les camarades. Et la direction du parti doit suivre de près le travail des fractions.

Deuxièmement, alors que de plus en plus de camarades vont dans l'industrie, il est crucial pour la direction du parti de maintenir nos unités de base, nos branches ou peu importe le nom qu'on leur donne, comme des *instances politiques pleinement développées*. Elles doivent avoir une taille suffisante et il faut les organiser politiquement de façon à ce que les camarades y obtiennent quelque chose qu'ils ne peuvent pas obtenir dans leurs fractions industrielles. Ces unités de base du parti doivent fournir l'expérience politique, la direction, la formation marxiste et les discussions politiques que les camarades ne peuvent obtenir que de l'ensemble du parti.

Sinon, nous risquons de ne pas pouvoir combiner ce qu'on appelle souvent le travail syndical ou d'entreprise et l'activité politique socialiste plus générale.

Bien sûr, ceci ne résout aucun de nos problèmes tactiques, comme celui de lier le travail dans les entreprises, le travail syndical, aux autres tâches et campagnes du parti. Ces problèmes se résoudront concrètement dans chaque organisation et dans chaque situation spécifique.

Mais pour éviter les pièges inutiles, il faut absolument organiser les camarades qui sont dans l'industrie pour qu'ils fonctionnent comme membres actifs d'unités politiques pleinement développés du parti, où ils peuvent prendre des décisions et avoir des responsabilités politiques sur une base régulière et systématique.

Troisièmement, le tournant exige que le parti soit plus professionnel et, en même temps, il aide le parti à atteindre cet objectif. Notre norme selon laquelle chaque camarade, chaque travailleur-bolchevik, est un révolutionnaire professionnel devient une question plus immédiate et plus réelle. Pour devenir des partis de travailleurs industriels, il faut plus que jamais disposer d'un appareil. Il faut que les camarades soient prêts à devenir permanents, il nous faut développer notre professionnalisme prolétarien et rejeter tout fonctionnement bohémien à tous les niveaux de l'organisation.

En même temps, il est important d'éviter toute tendance à agir comme s'il y avait deux catégories de membres du parti : ceux qui sont dans l'industrie et ceux qui n'y sont pas. Tous les membres du parti ont des droits égaux et des responsabilités égales. Le tournant n'établit en rien une catégorie de membres de deuxième classe pour les camarades qui, pour une raison ou pour une autre, ne travaillent pas actuellement dans l'industrie. Nous retirerons des camarades de l'industrie pour les affecter comme permanents et vice versa.

Quatrièmement, le tournant fait ressortir de manière encore plus aiguë la question des normes de direction et des normes du parti en général. Il faut revoir ces normes pour nous assurer qu'elles correspondent à notre marche sur la voie historique de notre classe.

Trotsky a écrit une série de lettres sur ces questions aux camarades américains dans les années qui ont abouti à la lutte avec l'opposition petite-bourgeoise à la fin des années 30. Le parti effectuait alors un tournant vers l'industrie. La plupart de ces lettres portaient sur la question de la direction [2].

Il ne s'agissait pas de leçons morales. Trotsky considérait que des changements de ce type étaient essentiels pour construire des partis prolétariens et une internationale révolutionnaire.

Dans une lettre de 1937, il a écrit : « J'ai remarqué cent fois que le travailleur qui passe inaperçu dans les conditions « normales » de vie du parti révèle des qualités remarquables quand la situation change, quand les formules générales et les plumes fécondes ne suffisent plus, quand il faut connaître la vie des travailleurs et avoir des capacités pratiques. »

Dans une lettre écrite quelques jours plus tard, Trotsky a parlé de la nécessité d'éduquer le parti dans un esprit qui « rejette la critique malsaine, l'opposition pour le seul plaisir de l'opposition. » La clé pour y arriver est « de changer la composition sociale de l'organisation, d'en faire une organisation ouvrière. »

Les travailleurs, a écrit Trotsky, sont « plus patients, plus réalistes. Quand on a une réunion de 100 personnes et que parmi elles 60, 70, 80 sont des travailleurs, alors les 20 intellectuels, petits-bourgeois, deviennent dix fois plus prudents sur la question de la critique. Car l'auditoire est plus sérieux, plus ferme. »

La tendance des intellectuels petits-bourgeois à critiquer pour critiquer, dit Trotsky, est une manière « de dissimuler leur propre scepticisme. »

---

2. Les citations suivantes de Trotsky se trouvent dans ses lettres des 3, 6 et 10 octobre et du 8 décembre 1937. James P. Cannon les a reprises dans *Background to 'The Struggle for a Proletarian Party'* (Pathfinder, 1979), p. 13, 17, 18, 20.

« Les jeunes travailleurs rappelleront à l'ordre messieurs les sceptiques, les plaignards et les pessimistes. »

Les permanents d'une organisation révolutionnaire, a insisté Trotsky, doivent « avoir en premier lieu une bonne oreille et seulement en second lieu une bonne langue. » Et lorsque le parti commence à recruter des travailleurs industriels, a-t-il prévenu, il doit éviter « un grand danger : que les intellectuels et les travailleurs de bureau étouffent la minorité ouvrière, la réduisent au silence, qu'ils transforment le parti en un club de discussion très intelligent, mais absolument inhabitable pour des travailleurs. »

Pour mener le tournant jusqu'au bout, il faut être conscients de ces questions d'attitude et de comportement. Mais il faut davantage. En accomplissant le tournant, nous pourrons mieux modifier l'orientation, combattre les attitudes étrangères à notre classe et améliorer l'atmosphère et le fonctionnement de nos partis. Nous commencerons à agir comme des partis de travailleurs industriels.

Formation, agitation, organisation
Cinquièmement, sur la formation dans le parti. Lorsque les camarades commencent à faire le tournant, ils apprennent et réapprennent notre programme, ils apprennent et réapprennent le marxisme. Ils doivent constamment expliquer et populariser nos idées auprès de leurs compagnons de travail. Nous sommes donc obligés de développer la formation politique et de lui accorder la plus grande attention.

C'est un garde-fou contre toute tentation parmi les camarades de devenir moins politiques lorsque nous effectuons le tournant. L'histoire nous montre que c'est un danger.

Sixièmement, améliorer nos journaux et les transformer de plus en plus en journaux ouvriers. C'est par le biais de la presse de nos partis que nous pouvons nous adresser au plus grand nombre et aux couches les plus larges de travailleurs. C'est ainsi que nous expliquons pourquoi il faut que le mouvement ouvrier commence à penser socialement et à agir politiquement, qu'il s'agit d'une question de vie ou de mort.

Nos propres membres constituent de loin le public le plus important de la presse de nos partis, avec ceux dans notre classe et parmi les opprimés qui se tournent vers nous en quête d'une analyse et d'une direction politiques. Ce que nous mettons dans nos journaux et comment nous expliquons notre programme nous aident à former nos cadres comme des travailleurs-bolcheviks et non pas comme des syndicalistes radicaux. Ça nous aide à renforcer le parti contre les tendances économistes, qui réduisent les luttes des alliés de notre classe, que ce soient les femmes, les nationalités opprimées, les agriculteurs ou les autres producteurs exploités, à des luttes syndicales ou à des luttes entre employés et employeurs [3]. Ça nous aide à combattre toute idée que les travailleurs ne s'intéressent pas aux questions internationales ou aux grandes questions politiques et qu'on ne peut pas leur présenter ces questions efficacement.

Septièmement, le tournant donne plus d'importance, et non pas moins, à la nécessité de construire des *partis de campagne*, des partis qui mènent des campagnes centralisées et politiques, dictées par la lutte de classe nationale et internationale.

Nous avons besoin de partis qui parlent politiquement à la classe ouvrière par nos initiatives et nos campagnes politiques, et non pas avant tout par notre façon de répondre aux questions et aux luttes qui surgissent au travail. Lorsqu'on avance dans le tournant, ces campagnes du parti deviennent essentielles pour résister aux pressions droitières et économistes qui ont historiquement affecté les révolutionnaires dans la classe ouvrière.

---

3. Voir le glossaire : Économisme.

S'il y a une chose que le tournant ne change pas, c'est notre opposition absolue à toute conception spontanéiste selon laquelle une direction révolutionnaire germera spontanément quand viendra le temps de poser des gestes décisifs [4]. Au contraire, il faut construire un parti solide et éprouvé *dès maintenant*. C'est la seule façon d'être prêt lorsque ces moments arriveront.

Huitièmement, nous avons commencé à tirer de précieuses leçons sur le rapport entre le tournant et notre participation à la construction d'actions qui font avancer les luttes des femmes et des nationalités opprimées ainsi que la solidarité internationale. Nous avons appris à ne pas confondre nos fractions syndicales ou fractions d'entreprise avec les fractions que nous créons pour diriger notre travail dans différentes luttes sociales et politiques.

Bien sûr, les deux sont liées : les mêmes camarades peuvent appartenir aux deux types de fractions. Mais, pour effectuer notre travail, nous ne devons pas confondre ces différentes formes organisationnelles. Le faire refléterait une tendance, au niveau interne, à réduire les luttes des alliés de la classe ouvrière et d'autres couches opprimées et exploitées à des batailles dans les usines ou les syndicats. Notre tournant est un tournant vers l'extérieur, pas un repli sur nous-mêmes.

Les luttes qui se développent à l'intérieur et à l'extérieur du mouvement ouvrier doivent se combiner et se renforcer mutuellement. Notre tournant, et les facteurs politiques qui le sous-tendent, augmentent les possibilités pour les travailleurs industriels et leurs syndicats de participer à ces luttes, non seulement en tant que militants et dirigeants, mais aussi de plus en plus en tant que dirigeants révolutionnaires conscients du mouvement syndical.

---

4. Voir le glossaire : Spontanéisme.

Nous pouvons dire en toute sincérité aux opprimés : « Vous ne devez subordonner vos luttes à aucune autre lutte. » Seule une direction révolutionnaire de la classe ouvrière peut le dire et *agir* sur cette base. C'est essentiel pour que la classe ouvrière puisse forger des alliances durables dans un combat commun contre les exploiteurs.

Neuvièmement, nous avons découvert que là où nous avons effectué le tournant, les camarades femmes et les camarades des nationalités opprimées acquièrent une plus grande confiance dans le parti, à mesure qu'ils acquièrent une plus grande confiance en eux-mêmes. Plus confiants, non seulement en tant que dirigeants de leurs luttes spécifiques, mais en tant que dirigeants de la classe ouvrière et, surtout, en tant que dirigeants du parti.

Le tournant révèle ce que les camarades ont de meilleur.

Notre tournant vers la classe ouvrière industrielle et ses syndicats peut également aider à résoudre la crise de direction des mouvements des femmes et des nationalités opprimées. Aujourd'hui, ces luttes traversent une crise de perspective de classe, alors que leurs dirigeants actuels cèdent aux pressions petites-bourgeoises de leurs milieux et se tournent, encore plus qu'auparavant, vers les tribunaux et les politiciens bourgeois pour promouvoir leurs intérêts. Pour progresser, ces luttes doivent acquérir une composition, une orientation et une direction prolétariennes. En participant à ces luttes et en les appuyant, nous accélérerons la résolution de cette crise de direction à partir de notre base dans l'industrie : nous encouragerons d'autres travailleurs à participer à ces mouvements et nous lutterons pour mobiliser la force du mouvement syndical derrière eux.

Réponses à quelques questions

Je voudrais terminer en répondant à quelques questions qui ont été soulevées à propos du tournant.

Est-il mécanique ? S'agit-il d'un subterfuge, d'un faux-fuyant ? Sommes-nous obsédés par les usines ?

Eh bien, j'imagine qu'on pourrait dire que l'idée de construire de grandes fractions de camarades parmi de grandes concentrations de travailleurs industriels nous obsède un peu. On peut se chicaner sur le mot. Mais nous plaidons coupables.

Est-il mécanique ? Dans un certain sens, oui. Le mécanisme permettant d'exécuter le tournant peut faire la différence entre le réussir ou non politiquement.

S'agit-il d'un gadget ? Non. Ce n'est pas un gadget. À moins que toute notre analyse politique soit fausse.

La direction de la Quatrième Internationale, le Comité exécutif international (CEI), doit diriger le tournant.

Le CEI doit le diriger à partir d'une analyse politique permettant de l'inscrire dans la lutte des classes telle qu'elle se développe à l'échelle mondiale.

Il doit le diriger en ayant un plus grand nombre de ses membres dans l'industrie.

Il doit le diriger en coordonnant le tournant à l'échelle internationale, en facilitant l'échange d'expériences et de renseignements entre les directions nationales et entre les camarades qui sont dans l'industrie dans différents pays.

Ceci signifie que le CEI, comme toutes les autres instances de direction de notre mouvement, devra organiser son travail différemment. Les ordres du jour de ses réunions changeront. Les questions qu'il examinera et débattra s'élargiront.

Par exemple, la prochaine réunion du CEI devra discuter concrètement l'ensemble des données sur les progrès du tournant et évaluer ce qu'elles révèlent sur les plans politique et organisationnel.

La seule manière de mesurer le succès du tournant, c'est de regarder honnêtement et froidement les chiffres, le nombre et le pourcentage de camarades dans l'industrie dans chaque section, le nombre de fractions industrielles fonctionnelles, le nombre de cadres dirigeants qui effectuent le tournant. Ce n'est qu'en examinant ces faits que nous pourrons juger les progrès que nous aurons accomplis en exécutant la décision centrale de ce congrès. Voilà ce que nous devons faire à la prochaine réunion du CEI.

Mieux nous réussirons à tirer les leçons de la résolution et à l'appliquer, plus vite le tournant *en tant que tel* sera derrière nous. Le tournant est une mesure *tactique* radicale rendue nécessaire par le développement historique de notre mouvement et par la politique mondiale actuelle. C'est une réponse anormale à une situation anormale : une situation où la grande majorité de nos membres dans toutes les sections n'étaient *pas* des travailleurs industriels. Une fois effectuée cette mesure tactique historiquement nécessaire, une fois surmonté le caractère anormal de la composition sociale et des secteurs de travail actuels de notre courant, le tournant sera derrière nous. Une fois menée jusqu'au bout, cette tactique a donné tous ses fruits.

Plusieurs camarades m'ont dit : « N'oublie pas de mentionner que notre mouvement fait face à une crise, que nous avons de nombreux problèmes. » Sur cette question, nous devons nous rappeler un facteur important. Les problèmes auxquels nous faisons face ne découlent ni de revers décisifs de la classe ouvrière comme pendant les années 30 avec la montée du fascisme et la marche vers la guerre mondiale ni d'une retraite politique comme pendant les années 50.

En dernière instance, les crises et les problèmes auxquels nous faisons face aujourd'hui résultent de la nécessité de nous préparer à faire face aux défis et profiter des possibilités qu'offrent une montée de la lutte des classes et le déplacement en faveur de notre classe du rapport de force mondial. L'issue de ces luttes reste à décider. Les plus importantes n'ont pas encore eu lieu. Elles mettront en mouvement de nouvelles forces dans notre classe et parmi ses alliés.

Construire un parti mondial de masse
Au vu de ces perspectives révolutionnaires, le tournant est aussi décisif pour permettre à la Quatrième Internationale de relever ce qui sera le plus important défi pour construire un parti mondial de masse de la révolution socialiste.

Partout où nous sommes dans le monde aujourd'hui, nous n'avons que de petits groupes de propagande. Pour accomplir les tâches que nous nous sommes assignées, nous devons nous tourner vers les couches de révolutionnaires qui viennent d'autres directions et d'autres traditions, vers *des révolutionnaires d'action* comme ceux issus de la révolution cubaine. Ces derniers ont initié un renouvellement de direction prolétarienne au pouvoir, un renouvellement de la direction communiste, pour la première fois depuis la fin des années 20.

Nous devons nous tourner vers les dirigeants des gouvernements révolutionnaires au Nicaragua et à la Grenade aujourd'hui ou vers des courants de gauche qui émergent de la crise dans le mouvement syndical et dans les partis réformistes staliniens et sociaux-démocrates.

C'est seulement par notre capacité de collaborer avec ces travailleurs révolutionnaires, de les attirer à notre programme et de les convaincre qu'il est nécessaire, de regrouper nos forces et les leurs dans un cadre politique et organisationnel commun, c'est seulement ainsi que nous construirons des partis prolétariens de masse et une nouvelle internationale communiste. Nous n'y arriverons pas simplement en recrutant des individus.

Toutefois, seules des organisations fermement enracinées dans la classe ouvrière et composées en grande majorité de travailleurs industriels pourront accomplir cette tâche. Sans cette composition de classe, un parti ne pourra pas maintenir le cap politiquement.

Nous disons souvent que même des partis révolutionnaires relativement petits peuvent grossir impétueusement lors de soulèvements de masse, quand ils s'affermissent grâce aux combattants qui émergent dans ces batailles de classe. C'est vrai. C'est ce qui est arrivé aux bolcheviks en 1917.

Mais ceci peut *seulement* être vrai pour des partis prolétariens dont les cadres ont déjà été éprouvés dans l'action, ont déjà acquis plus d'expérience et de respect dans le mouvement ouvrier. Ça ne peut se faire hors du centre de la classe ouvrière industrielle. Ceux qui se retrouveront à l'extérieur lorsque de tels événements se produiront seront simplement dépassés. Ils auront raté l'occasion.

Voilà le but du tournant : placer nos cadres là où ils doivent être pour construire des partis ouvriers capables de se développer dans les grandes batailles de classe qui pointent à l'échelle mondiale. Sinon notre programme, dont le prolétariat mondial a besoin pour tracer la voie vers la victoire, restera un document sans vie plutôt qu'un guide pour l'action révolutionnaire de masse.

Nous ne garantissons pas que le tournant nous donnera les tactiques, l'opportunisme et le savoir-faire politique requis pour profiter de telles ouvertures. Cela dépendra des camarades sur le terrain, dans chaque organisation et dans chaque nouvelle situation. Nous disons simplement que nous ne pourrons *pas* prendre les bonnes décisions sans le tournant et sans des partis composés dans leur très grande majorité de travailleurs industriels.

Finalement nous devons mettre fin à un mythe. Ceci m'a frappé lorsque j'ai lu un échange entre des dirigeants d'un groupe gauchiste sectaire, le Parti socialiste des travailleurs (SWP) de Grande-Bretagne, et des camarades du groupe affilié à la Quatrième Internationale au Royaume-Uni, le Groupe marxiste international. Le SWP britannique avait alors indiqué que, quelques années plus tôt, les Socialistes internationaux, son organisation aux États-Unis, avaient essayé de placer la grande majorité de leurs camarades dans l'industrie et que l'expérience s'était terminée de manière désastreuse. Voici ce qu'ils en disaient :

> Tout en étant d'accord avec *l'objectif*, soit l'implantation solide de révolutionnaires dans la classe ouvrière industrielle, nous pensons que la *méthode* proposée pour l'atteindre ne peut que mener au désastre. La « prolétarisation » ou « industrialisation », c'est-à-dire la transplantation d'anciens étudiants dans l'industrie, n'est qu'un substitut, et un substitut dangereux, à la véritable tâche de construire des partis ouvriers.
> « L'industrialisation » a certains attraits superficiels. Elle donne des résultats rapides : elle conduit à l'augmentation significative du nombre de travailleurs manuels parmi les membres. Mais le prix à payer pour y arriver est très élevé. Les camarades petits-bourgeois envoyés dans l'industrie doivent s'adapter à leur nouvel environnement. Ils doivent d'abord se rendre acceptables aux yeux de leurs camarades de travail. Cela les amène tout naturellement à diluer ou cacher complètement leur politique et à se concentrer sur comment devenir des syndicalistes efficaces.
> Un fossé se creuse entre leur vie de révolutionnaires et leur vie de militants ouvriers. Au travail, ils ne cherchent pas surtout à gagner d'autres travailleurs à la politique révolutionnaire, à vendre le journal du parti ou à présenter un programme de lutte contre les patrons, mais tout simplement à se faire connaître comme de bons militants. À l'intérieur de l'organisation, ils deviennent souvent

une force conservatrice, avec une tendance par exemple à adopter ce qu'ils pensent être une ligne « superprolétarienne » (c'est-à-dire réactionnaire) sur des questions comme l'oppression sexuelle et à adopter des positions généralement économistes.

En même temps, « l'industrialisation » tend à créer deux catégories de membres dans l'organisation. Il y a les « cadres travailleurs-bolcheviks » qui ont fait la transition de petits-bourgeois à « prolétaires » et qui, par conséquent, tendent à se considérer comme une élite. Et il y a les autres, qui existent non pas pour construire le parti ou des organisations du rang dans leur propre lieu de travail, mais pour « servir » les « prolétaires ». Dans ce genre de régime, le travail dans les syndicats de bureau et parmi les étudiants en souffre énormément. Ce sont pourtant des sphères d'activité loin d'être négligeables.

Nous n'inventons pas ce scénario. Il s'est déroulé dans quelques cas au sein de notre propre organisation. C'est arrivé aux Socialistes internationaux aux États-Unis, où « l'industrialisation » a produit un journal qui parlait à peine de politique, un appareil de permanents gonflé, une couche conservatrice d'étudiants « prolétarisés » et, tout en bas, des travailleurs de bureau et des étudiants démoralisés. L'organisation a fini par se dissoudre en divers caucus syndicaux du rang et par produire une revue mensuelle de propagande.

La conclusion que tire le SWP britannique de l'expérience, c'est : *N'allez pas dans l'industrie. Le tournant est une erreur.*
Nous disons exactement l'inverse. Nous disons que la raison pour laquelle l'expérience des Socialistes internationaux a abouti à un échec — et il a été colossal — découle du programme et de la direction de l'organisation qui l'a effectuée. Cette direction a opposé l'entrée dans l'industrie et le « travail syndical » au développement d'un

journal ouvrier politiquement complet et équilibré, à la formation marxiste et à des campagnes politiques systématiques. Quand cette organisation a fait le tournant, la direction a consciemment *dépolitisé* toutes les institutions du parti. Voilà pourquoi ils ont échoué.

Si on fait l'erreur d'opposer ainsi ces aspects, alors le tournant échouera. Nous perdrons des camarades. Nous ne recruterons pas et ne garderons pas de jeunes travailleurs qui se politisent. Si le parti se fait dire à tort qu'il doit *choisir* entre s'efforcer de faire entrer des camarades dans l'industrie ou mener des campagnes politiques organisées, c'est évident que la colonisation échouera.

Nous avons une approche différente. Nous ne pensons pas que des camarades recrutés et formés dans d'importants mouvements de protestation et d'importantes luttes des opprimés deviennent moins politiques en devenant des travailleurs industriels et des militants syndicaux. Nous ne pensons pas qu'ils cesseront de se battre pour l'émancipation des femmes et pour d'autres objectifs sociaux et politiques dans l'intérêt de la classe ouvrière. Notre expérience confirme déjà que ces camarades deviennent plus confiants et plus efficaces dans ces luttes.

En fin de compte, il y a derrière l'opposition au tournant, consciemment ou non, le préjugé que d'une manière ou d'une autre les travailleurs sont essentiellement moins révolutionnaires, moins politiques et plus intolérants que d'autres secteurs de la population. C'est complètement faux.

Nous sommes convaincus que les travailleurs *ne sont pas* moins politiques que d'autres secteurs de la population. Au contraire, lorsque les luttes de tous les opprimés s'approfondiront, les travailleurs industriels en prendront de plus en plus la direction.

Mais pour effectuer le tournant, nous devons regarder la réalité en face. Nous devons examiner jusqu'au bout, froidement et honnêtement, notre taille, notre composition et nos problèmes actuels. Il n'y a pas de trucs ou de définitions formellement correctes qui puissent nous aider à devenir des partis prolétariens à la fois dans leur composition et leur programme. Nous devons partir de notre *véritable* composition afin de pouvoir déterminer les tâches et les opportunités véritables qui se posent à nous.

Saisir les opportunités

Il n'y a aucune raison d'être pessimistes. Nous devrions voir la crise et les problèmes auxquels nous sommes confrontés comme les reflets d'une période qui s'ouvre et qui nous permettra de les *résoudre*. Le tournant nous donnera les perspectives politiques dont nous avons besoin pour croître et aller de l'avant.

À l'échelle mondiale, nous sommes la seule alternative révolutionnaire organisée pour le mouvement ouvrier. Tous les autres courants internationaux ont échoué.

Nous sommes convaincus qu'en effectuant le tournant vers la classe ouvrière industrielle, nous devons simultanément construire nos partis nationaux *et* une organisation internationale. Nous ne pouvons construire de partis ouvriers révolutionnaires nulle part au monde sans cette ligne de conduite internationaliste.

Mais un mouvement communiste mondial ne pourra se construire, et ne se construira, que s'il est composé de *partis ouvriers* enracinés dans l'industrie dans plusieurs pays à travers le monde.

En dirigeant politiquement le tournant, nous ouvrirons la voie à la toute prochaine étape pour construire le parti international de la révolution socialiste dont la classe ouvrière a besoin pour renverser le capitalisme mondial.

« Le communisme n'est pas une doctrine, mais un mouvement »

Le texte qui suit est extrait du rapport de Jack Barnes sur la résolution « Construire un parti révolutionnaire de travailleurs socialistes, » que le Comité national du SWP a adoptée le 29 avril 1979.

Qu'est-ce que le marxisme ? Quelle est notre raison d'être ?

En octobre 1847, soit deux mois avant que Marx et Engels commencent à rédiger le Manifeste communiste, Engels a écrit deux éditoriaux pour répondre à un socialiste allemand petit-bourgeois du nom de Karl Heinzen, dont la seule importance historique est d'avoir servi de faire-valoir à Engels et Marx.

« Herr Heinzen, a écrit Engels, s'imagine que le communisme est une *doctrine* qui procède d'un principe théorique bien précis, qui en constitue le *coeur* et dont il tire d'autres conclusions.

« Herr Heinzen se trompe complètement. Le communisme n'est pas une doctrine mais un *mouvement* ; il ne procède pas de principes mais de *faits* [1]. » C'est de là, ajoute Engels, que découle le programme du parti prolétarien.

Marx et Engels ont incorporé ce concept clé au coeur du Manifeste communiste qu'on leur avait demandé de rédiger lors du congrès de fondation de la première organisation révolutionnaire moderne des travailleurs dans le monde, la Ligue communiste, qui s'était tenu à Londres en décembre 1847.

« Les propositions théoriques des communistes ne reposent nullement sur des idées, sur des principes inventés ou découverts par tel ou tel aspirant réformateur universel.

« Elles ne sont que l'expression générale des véritables rapports issus d'une lutte de classe qui existe, d'un mouvement historique qui s'opère sous nos propres yeux [2]. »

Le marxisme représente « simplement » la généralisation écrite des intérêts de la classe ouvrière, l'une des deux principales classes impliquées dans cette lutte dans le monde moderne.

Les communistes « n'ont pas d'intérêts séparés et indépendants de ceux de l'ensemble du prolétariat, » ont écrit Marx et Engels dans le Manifeste communiste. « Ils ne proclament pas de principes sectaires qui leur soient propres selon lesquels façonner le mouvement prolétarien. »

Marx et Engels ont ensuite souligné l'internationalisme du mouvement communiste et la tâche qui lui incombe de surmonter les divisions, nationales et autres, imposées par le capitalisme à la classe ouvrière.

« Les communistes ne se distinguent des autres partis prolétariens que sur deux points. *1.* Dans les luttes nationales

---

1. Friedrich Engels, « The Communists and Karl Heinzen » dans *Collected Works*, Marx et Engels, tome 6, p. 303.

2. Karl Marx et Friedrich Engels, *Le Manifeste communiste*, Pathfinder, 2009, p. 48 [édition 2018].

des prolétaires des différents pays, ils soulignent et font valoir les intérêts communs à l'ensemble du prolétariat et indépendants de toute nationalité. 2. Dans les diverses phases de développement que doit traverser la lutte de la classe ouvrière contre la bourgeoisie, ils représentent toujours et partout les intérêts de l'ensemble du mouvement. »

Marx et Engels en ont conclu : « Les communistes sont donc en pratique la section la plus avancée et la plus résolue des partis ouvriers de chaque pays, la section qui pousse les autres toujours plus loin. Sur le plan de la théorie, ils ont sur la grande masse du prolétariat l'avantage de comprendre clairement la ligne de marche, les conditions et les résultats généraux ultimes du mouvement prolétarien [3]. »

Les marxistes *font partie* de la classe ouvrière ; ils ne sont pas quelque chose à l'extérieur de cette classe. Le parti marxiste révolutionnaire analyse *toutes* les classes et leurs conflits, toute la politique, du point de vue des objectifs historiques de *notre* classe, la classe dont nous sommes simplement la partie la plus consciente et la plus organisée et les combattants les plus conséquents. Cette classe a comme tâche de gouverner, d'exproprier les exploiteurs et les oppresseurs et de diriger un grand mouvement social ayant pour but de réorganiser la société afin d'éliminer l'oppression et poser les fondations d'une société socialiste. En accomplissant tout cela, les membres de notre classe se transforment complètement.

Le dirigeant révolutionnaire de la classe ouvrière Malcolm X a expliqué comment s'effectue cette transformation dans le feu de la lutte avec une clarté exemplaire, quelques semaines seulement avant d'être assassiné en février 1965. Une journaliste lui a alors demandé s'il avait pour objectif de « réveiller

---

3. Karl Marx et Friedrich Engels, *Le Manifeste communiste*, Pathfinder, 2009, p. 47-48 [édition 2018].

[les Américains africains] à leur exploitation ? » Malcolm a répondu : « Non, à leur humanité, à leur propre valeur [4]. »

La classe ouvrière est créée par son ennemi : la classe capitaliste, le système de profits. Les travailleurs ne *choisissent* pas de participer à la lutte de classe, nos conditions nous y *forcent*. Par le seul fait qu'on nous a confisqué nos outils, notre usage de la terre, non seulement les « quarante acres » mais aussi les « mules ».

C'est ce qui rend le marxisme scientifique et non pas utopique. Et de plus en plus de travailleurs dans ce pays prennent conscience de cette lutte de classe à mesure que s'intensifie l'offensive de la classe dirigeante, tous les jours dans les usines et autour des grandes questions sociales et politiques comme le chômage, la discrimination et la guerre.

Pas étonnant que Marx et Engels aient écrit dans l'une de leurs premières oeuvres, plus de deux ans avant que les travailleurs ne les recrutent au premier parti communiste moderne du monde, qu'il arrive un stade dans les relations sociales capitalistes « où naissent des forces productives […] [qui] ne sont plus des forces productives, mais des forces destructrices. [5] »

Cette perspective et cette stratégie communistes pour l'indépendance de la classe ouvrière et le pouvoir politique, voilà tout ce qu'est le marxisme. Bien sûr, dans ce « tout » se trouve l'avenir de l'humanité : transformer la grande masse de l'humanité et sauver notre planète des « forces de destruction » du capitalisme et de la dévastation de nos conditions de vie et de travail.

---

4. Entrevue publiée le 25 février 1965 dans le *Village Voice*, un hebdomadaire de New York. Reproduit dans *Malcolm X : February 1965, The Final Speeches* (Pathfinder, 1992), p. 295 [impression de 2018].

5. Marx et Engels, *Oeuvres choisies*, tome premier, Éditions du Progrès, Moscou, 1978, p. 37.

GLOSSAIRE DES NOMS, ORGANISATIONS ET ÉVÉNEMENTS

Accord expérimental de négociation (ENA) – Entente de non-recours à la grève signée en 1973 par la direction du syndicat des Métallurgistes unis d'Amérique (USWA) et les entreprises sidérurgiques de base. *Voir* Métallos ripostent, Les.

AFSCME – Connue depuis 1936 comme la Fédération américaine des employés d'État, de comté et de municipalité ; fondée quatre ans plus tôt sous le nom de l'Association des employés administratifs de l'État du Wisconsin.

AFT – Fédération américaine des enseignants (AFT), l'un des deux principaux syndicats d'enseignants des États-Unis, l'autre étant l'Association nationale de l'éducation (NEA).

AIM – Association internationale des machinistes.

Alliance de la jeunesse socialiste (YSA) – Fondée en 1960 comme une organisation de jeunesse révolutionnaire indépendante, en solidarité politique avec le Parti socialiste des travailleurs. Elle a pris le nom de Jeunes socialistes en 1994.

Amendement pour l'égalité des droits (ERA) – Proposition d'amendement à la constitution des États-Unis : « L'égalité des droits face à la loi ne sera pas niée ou limitée par les États-Unis ou par aucun État sur la base du sexe. » Adopté par le Congrès en mars 1972 et soumis aux législatures d'État pour ratification. Mais n'a jamais été ratifié, parce qu'en juin 1982, à la date limite fixée par le Congrès, seulement 35 législatures d'État sur les 38 exigées par la Constitution avaient approuvé l'amendement.

Angola – À la fin de 1975, le gouvernement de l'Angola, qui venait d'obtenir son indépendance du Portugal, a lancé un appel à l'aide internationale pour résister à une invasion par l'armée du régime suprémaciste blanc d'Afrique du Sud, soutenu par les États-Unis. Le gouvernement cubain a répondu. Quelque 425 000 Cubains se sont portés volontaires pour servir en Angola au cours des 16 années suivantes. En 1988, les combattants cubains, angolais et namibiens ont écrasé l'armée sud-africaine lors de la bataille de Cuito Cuanavale. Cette victoire a permis d'assurer la souveraineté de l'Angola, d'obtenir l'indépendance de la Namibie et d'accélérer le renversement de l'apartheid en Afrique du Sud au début des années 90.

Anthracose (maladie du poumon noir) – Maladie incurable, souvent mortelle, causée par l'inhalation de poussières de charbon et de silice. Dans les années 60 et au début des années 70, encouragés par la lutte pour faire reculer l'anthracose, des mineurs du rang se sont massivement révoltés au sein des Mineurs unis d'Amérique. Ils voulaient remplacer la bureaucratie des UMWA, qui était de mèche avec les patrons du charbon. Grâce à des grèves et des manifestations de masse organisées par l'Association du poumon noir, les Mineurs handicapés et veuves, ainsi que les Mineurs pour la démocratie, ils ont obtenu des États et du gouvernement fédéral d'importants gains, tels que la limitation des niveaux de poussière, des cliniques financées par les employeurs et surtout des comités de sécurité syndicaux habilités à arrêter la production en cas de violation des règles de santé et de sécurité. Des années 70 jusqu'au milieu des années 90, le nombre de cas d'anthracose a chuté de plus de 90 pour cent. Quand les entreprises ont fermé des mines syndiquées sans que les UMWA réagissent en syndiquant de nouvelles mines, les comités de sécurité ont périclité ou simplement disparu. L'anthracose est réapparue en force : 20 pour cent des mineurs des Appalaches étaient malades en 2017, avec une augmentation substantielle de la proportion des travailleurs qui ont moins de 10 ans d'ancienneté dans les mines. *Voir* Grève du charbon (1977-1978) ; Mineurs pour la démocratie ; UMWA.

Bishop, Maurice – *Voir* Grenade, révolution à la.

Bolcheviks – Fraction prolétarienne révolutionnaire du Parti ouvrier social-démocrate russe, formée en 1903 sous la direction de Vladimir I. Lénine. En octobre 1917, elle a conduit les ouvriers et les paysans au pouvoir dans l'ancien empire tsariste. Rebaptisé Parti communiste (bolchevique) de Russie en 1918. Ses dirigeants ont lancé l'Internationale communiste en 1919. *Voir aussi* : Internationale communiste ; Travailleur-bolchevik.

Boston, lutte pour la déségrégation – En 1974, une cour fédérale a ordonné la déségrégation des écoles publiques de Boston, y compris en envoyant les enfants noirs par car scolaire dans des écoles mieux financées auxquelles ils n'avaient généralement pas accès. Au début de l'année scolaire, des démocrates bien connus au sein du conseil municipal de Boston ont regroupé des hommes de main pour attaquer violemment les cars scolaires et les Noirs dans les rues et sur les plages. Au cours de l'année et demie qui a suivi, ces attaques ont été repoussées par des rassemblements de masse, des manifestations de rue et l'organisation d'un service d'ordre dans les bus, avec le soutien de la NAACP, de la Coalition nationale étudiante contre le racisme, de sections du mouvement syndical, du Parti socialiste des travailleurs, du Parti communiste et d'autres.

Brown, Bill (1897-1938) – Président de la section locale 574 du syndicat des Teamsters de Minneapolis de 1921 à sa mort. Faisait partie de la direction lutte de classe des grèves de 1934 qui ont permis aux camionneurs et aux travailleurs des entrepôts d'obtenir la reconnaissance de leur syndicat et d'utiliser cette victoire pour étendre le pouvoir syndical dans le nord du Midwest et au-delà. Partisan de la Ligue communiste d'Amérique, précurseur du Parti socialiste des travailleurs, mais jamais membre. *Voir* Teamsters ; Teamsters, série de livres sur les.

Burkina Faso – Pays d'Afrique de l'Ouest où, en août 1983, un soulèvement populaire a porté au pouvoir un gouvernement révolutionnaire dirigé par Thomas Sankara. Les travailleurs, les agriculteurs et les jeunes se sont mobilisés pour mener des campagnes d'alphabétisation et de vaccination ; creuser des puits, planter des arbres, construire des logements ; combattre l'oppression des femmes et commencer à transformer les rapports d'exploitation à la campagne. Ils ont commencé à se libérer du joug impérialiste et ont soutenu les luttes des travailleurs en Angola, en Afrique du Sud, au Nicaragua, à la Grenade, à Cuba et ailleurs. En octobre 1987, Thomas Sankara a été assassiné et le gouvernement renversé lors d'un coup d'État militaire contrerévolutionnaire mené par des troupes fidèles au capitaine Blaise Compaoré.

Cambodge – Après la victoire en 1975 des forces de libération au Vietnam, le gouvernement du Cambodge voisin a été renversé par les Khmers rouges, un parti stalinien criminel dirigé par Pol Pot. Le nouveau régime a rebaptisé le pays Kampuchéa démocratique et a imposé un règne de terreur aux travailleurs et aux paysans. Il a forcé l'évacuation massive des petites et grandes villes. Des troupes vietnamiennes et les forces d'opposition cambodgiennes l'ont finalement chassé du pouvoir en janvier 1979. En 1989, le pays a repris le nom de Cambodge. *Voir* Vietnam.

Camionneurs indépendants – Des camionneurs possédant leur propre camion ont organisé des grèves aux États-Unis à la fin des années 60 et dans les années 70 pour obtenir la reconnaissance de leur syndicat, des revenus suffisants et la sécurité au travail. Les entreprises capitalistes de transport de marchandises, soutenues par le gouvernement américain, se sont opposées aux revendications des camionneurs. Ces entreprises ont déclaré que les camionneurs étaient des entrepreneurs indépendants et ont donc proposé de les exclure des négociations collectives. Les responsables du syndicat des Teamsters ont déployé des hommes armés contre ces camionneurs et ont demandé à leurs membres d'agir comme briseurs de grève. Pour savoir comment une direction de lutte de classe s'est adressée à ces travailleurs, voir « Comment le syndicat des Teamsters a organisé les camionneurs indépendants dans les années 30 » dans *Teamster Politics* par Farrell Dobbs.

Cannon, James P. (1890-1974) – Dirigeant du Parti communiste aux États-Unis à sa fondation en 1919. Membre du comité exécutif de l'Internationale communiste en 1922. Expulsé en 1928 pour avoir soutenu la lutte mondiale menée par Léon Trotsky dans le but de poursuivre le cours internationaliste prolétarien de Lénine, Cannon a été le secrétaire national de la Ligue communiste d'Amérique puis du Parti socialiste des travailleurs jusqu'en 1953 et président national jusqu'en 1972. Auteur de beaucoup d'ouvrages, dont *La lutte pour un parti prolétarien*.

CIO, Congrès des organisations industrielles – Créé en 1935 comme un comité de la Fédération américaine du travail (AFL) afin de syndiquer les travailleurs non syndiqués dans les industries de production de masse. L'AFL elle-même fonctionnait par syndicats de métiers. Le CIO est devenu une confédération syndicale industrielle autonome en 1936. Grâce aux victoires de l'AFL et d'autres syndicats en 1934 à Minneapolis, San Francisco et Toledo, et grâce aux batailles de syndicalisation du CIO menées par les travailleurs de l'automobile, de l'acier, du caoutchouc et d'autres industries, la proportion des travailleurs syndiqués est passée de 7 à 20 pour cent en 1941. L'AFL-CIO est née de la fusion des deux confédérations en 1955.

Coalition des femmes syndiquées (CLUW) – Fondée en mars 1974 lors d'un meeting de plus de 3 000 femmes membres de 58 syndicats internationaux, avec le soutien de l'AFL-CIO.

Comité pour le droit de vote (UTU) – Comité du syndicat des Travailleurs unis des transports qui s'est battu pour que ses membres aient le droit de ratifier les contrats avec les patrons des chemins de fer. Il a débuté en 1969 dans la section locale de Chicago et a obtenu des appuis à travers l'ensemble des États-Unis et du Canada. En 1971, le congrès des UTU a rejeté une motion pour le droit de vote.

Dobbs, Farrell (1907-1983) – Secrétaire national du Parti socialiste des travailleurs (SWP) de 1953 à 1972 et quatre fois candidat du SWP à la présidence des États-Unis. Secrétaire national du travail syndical du parti, secrétaire national à l'organisation, puis président national de 1940 à 1953. Dirigeant des batailles pour obtenir la reconnaissance des syndicats dans les années 30, des batailles qui ont forgé le mouvement syndical industriel aux États-Unis. Il a fait partie de la direction centrale des grèves de 1934 qui ont transformé Minneapolis en ville syndiquée, puis a été le principal dirigeant des campagnes de syndicalisation des routiers en 1938-1939 qui ont permis à un quart de million de camionneurs de se joindre au syndicat des Teamsters dans le centre du pays. Il a démissionné de son poste d'organisateur général des Teamsters en 1940 pour devenir le secrétaire du travail syndical du SWP. Au début des années 40, lui et 17 autres dirigeants du SWP et des Teamsters ont été jetés en prison fédérale par la classe dirigeante des États-Unis pour avoir organisé l'opposition syndicale aux objectifs impérialistes de Washington pendant la deuxième guerre mondiale. *Voir aussi* : Procès en vertu de la loi de Smith.

École de direction du SWP – De 1980 à 1986, le SWP a organisé dix sessions semestrielles d'une école de direction. Chaque session se concentrait sur les écrits politiques de Marx et Engels quand ils tiraient les leçons de la lutte des classes pendant les années 1840 à 1870 et qu'ils aidaient à diriger les premières organisations communistes de travailleurs de l'histoire. Le rapport de Jack Barnes, « Former la direction d'un parti prolétarien » (janvier 1980) a paru dans *Le visage changeant de la politique aux États-Unis*. Pendant les premières années du tournant du SWP, chaque branche du SWP a organisé des séries de cours sur les écrits politiques de Lénine entre 1902 et 1917.

École Trotsky – Programme de formation semestriel pour les dirigeants et les cadres du SWP. L'école s'est maintenue de 1946 à 1963.

Économisme – Se réfère aux courants du Parti ouvrier social-démocrate russe à la fin du dix-neuvième et au début du vingtième siècle qui cherchaient à réduire le mouvement ouvrier aux luttes économiques pour de meilleurs salaires et conditions de travail. Minimisaient l'importance de construire un parti ouvrier révolutionnaire et dépréciaient la théorie communiste et la conscience politique de la classe ouvrière. Lénine a combattu le cours réformiste des économistes dans sa brochure de 1902 *Que faire ?* et dans d'autres ouvrages.

Engels, Friedrich (1820-1895) – Dirigeant fondateur avec Karl Marx du mouvement ouvrier communiste moderne. Coauteur avec Karl Marx du Manifeste communiste, fin 1847-début 1848. Un dirigeant de la révolution de 1848-1849 en Allemagne et combattant dans la résistance militaire cherchant à éviter la défaite de la révolution. Actif dans l'Association internationale des travailleurs (1864-1876) et, après la mort de Marx en 1883, le dirigeant international central du mouvement révolutionnaire des travailleurs. *Voir aussi* : Marx, Karl.

Éthiopie, révolution en (1974) – Révolution populaire qui a renversé l'empereur Hailé Sélassié et mis fin à une monarchie vieille de plusieurs siècles fondée sur des relations sociales féodales. Le nouveau gouvernement républicain a initié une réforme agraire et d'autres mesures antiféodales.

Gel des salaires et des prix (1971) – En août 1971, l'administration de Richard Nixon a imposé un gel des salaires et un prétendu « gel des prix » de 90 jours. La Maison-Blanche a également mis fin à la convertibilité du dollar en or. Comme l'inflation alimentée par la guerre du Vietnam réduisait la valeur des réserves en dollars des rivaux des impérialistes américains, les gouvernements étrangers, en particulier la France, ont cherché à changer leurs dollars contre de l'or. Lorsque le Trésor américain a fermé cette ouverture et mis fin au taux de change fixe entre le dollar et l'or, toutes les devises mondiales sont devenues et restent des monnaies fiduciaires. Elles n'ont ni valeur ni prix d'échange. Elles ne se déterminent plus que les unes par rapport aux autres : ce sont de simples notations dans les livres comptables.

Grenade, révolution à la (1979-1983) – Révolution populaire dans cette île des Antilles qui, en mars 1979, a porté au pouvoir un gouvernement des travailleurs et des agriculteurs. Sous la direction de Maurice Bishop, les travailleurs se sont libérés de la domination impérialiste américaine et britannique et du pouvoir politique capitaliste. En octobre 1983, une contre-révolution menée par la fraction stalinienne dirigée par Bernard Coard a renversé le gouvernement. Maurice Bishop, d'autres dirigeants révolutionnaires, ainsi que des travailleurs et des jeunes résistant au coup d'État ont été assassinés et un couvre-feu de 24 heures a été imposé. La contre-révolution a ouvert la porte à une invasion par Washington, qui a installé un régime pro-américain.

Grève de l'Iron Range (1977) – Au cours d'une grève de 138 jours dans la chaîne montagneuse de l'Iron Range au nord du Minnesota, quelque 18 000 mineurs de minerai de fer organisés par les Métallurgistes unis d'Amérique ont arrêté les deux tiers de la production américaine. Ils ont repoussé les attaques des propriétaires des mines contre les salaires, la santé et la sécurité au travail.

Grève du charbon (1977-1978) – La plus longue grève nationale du charbon de l'histoire des États-Unis. Le 6 décembre 1977, plus de 180 000 mineurs ont entrepris une grève de 110 jours dans 22 États. Les patrons du charbon, qui cherchaient à briser les UMWA, ont tenté d'imposer un accord de non-recours à la grève, d'avilir les comités de sécurité syndicaux, d'instituer une période d'essai pour les nouveaux embauchés, d'éliminer la couverture médicale et les pensions de retraite et d'introduire des « primes au rendement » pour augmenter les cadences de production. Les mineurs ont tenu bon, ont défié l'ordre de retour au travail du président James Carter en vertu de la loi

Taft-Hartley, ont gagné une large solidarité ouvrière et ont ainsi repoussé cette attaque antisyndicale.

Halstead, Fred (1927-1988) – Ouvrier de l'habillement et dirigeant pendant de nombreuses années du Parti socialiste des travailleurs (SWP). Dirigeant national du mouvement contre la guerre du Vietnam. Candidat du SWP à l'élection présidentielle de 1968. Auteur de *Out Now! A Participant's Account of the Movement in the United States against the Vietnam War.*

Internationale communiste (Comintern) – Fondée par Lénine et la direction bolchevique en 1919 comme une organisation mondiale de partis prolétariens cherchant à suivre l'exemple de la conquête du pouvoir d'État par les travailleurs et les paysans de Russie en octobre 1917. Les rapports et les résolutions des quatre premiers congrès (1919-1922) sous la direction de Lénine, Léon Trotsky et d'autres dirigeants bolcheviques restent le programme des partis communistes révolutionnaires à travers le monde. *Voir aussi* : Bolcheviks.

Iran, révolution en – Au cours de mobilisations révolutionnaires en février 1979, les travailleurs et des jeunes ont renversé la monarchie du shah Reza Pahlavi en Iran. Celui-ci avait l'appui des États-Unis. Les protestations qui avaient commencé en 1978 ont mené à des grèves, des prises de contrôle des lieux de travail et à d'autres manifestations de masse. Les forces bourgeoises dirigées par le clergé musulman chiite ont mobilisé des hommes de main pour attaquer les travailleurs, les femmes qui réclamaient leurs droits, les Kurdes et d'autres nationalités opprimées, ainsi que les travailleurs à l'esprit révolutionnaire qui organisaient un parti communiste. Une contre-révolution politique, nommée à tort « révolution iranienne, » s'est imposée en 1983.

Kampuchéa – *Voir* Cambodge.

Lénine, V. I. (1870-1924) – Leader central du parti bolchevique, qui a conduit les travailleurs et les paysans au pouvoir en octobre 1917, lors de la première révolution socialiste dans le monde. A dirigé la nouvelle république soviétique. Fondateur de l'Internationale communiste en 1919. Dans la dernière année de sa vie politique, a mené la lutte au sein du Parti communiste russe et de l'Internationale communiste pour défendre le cours internationaliste prolétarien contre la montée croissante de couches sociales privilégiées que Joseph Staline a fini par représenter. *Voir aussi* : Bolcheviks, Internationale communiste, Soviets.

Luxemburg, Rosa (1871-1919) – Leader de l'aile prolétarienne révolutionnaire du Parti social-démocrate allemand (SPD). Opposée à la majorité des dirigeants du SPD, qui cherchaient à « réformer » le capitalisme. A combattu la capitulation patriotique des réformistes face aux objectifs impérialistes de Berlin lors de la première guerre mondiale. A acclamé la révolution bolchevique en Russie. A aidé à diriger la révolution ouvrière qui a échoué en Allemagne en 1918-1919 ; assassinée par les hommes de main du régime bourgeois soutenu par le SPD.

Machinistes, Association internationale des – *Voir* AIM.

Marx, Karl (1818-1883) – Dirigeant fondateur avec Friedrich Engels du mouvement ouvrier communiste moderne. Coauteur avec Engels du Manifeste communiste, fin 1847-début 1848. Un dirigeant de la révolution de 1848-1849 en Allemagne. Fondateur de l'Association internationale des travailleurs (1864-1876), souvent appelée Première Internationale. Les écrits de Marx et Engels constituent les fondements de la politique des révolutionnaires prolétariens du monde entier jusqu'à nos jours. *Voir aussi* : Engels, Friedrich.

Métallos ripostent, Les – Mouvement de la base lancé en 1975 au sein du syndicat des Métallos sous la direction d'Ed Sadlowski, président du district 31 des Métallurgistes unis d'Amérique (Chicago et nord-ouest de l'Indiana). Le mouvement revendiquait le droit de grève et le droit pour ses membres de voter sur les contrats. En 1977, Ed Sadlowski s'est présenté à la présidence des Métallos contre Lloyd McBride, candidat de la bureaucratie syndicale qui était de connivence avec les patrons de l'acier. Ed Sadlowski a gagné dans les aciéries de base et dans de nombreux petits ateliers mais les responsables des Métallos ont annoncé que Sadlowski avait perdu avec 42 pour cent des voix.

Métallos – Métallurgistes unis d'Amérique.

Métallurgistes unis d'Amérique, section locale 8888 (Newport News, Virginie) – Les travailleurs du gigantesque chantier naval Tenneco ont fait grève pendant près de trois mois au début de 1979 et ont obtenu la reconnaissance de la section locale 8888 des Métallos.

Milwaukee, Chemin de fer de (Milwaukee Road), **et l'offensive des transporteurs de fret** – Les propriétaires du Chemin de fer de Milwaukee ont été parmi les premiers transporteurs de fret ferroviaire dans les années 70 à réduire la taille des équipages pour accroître leurs profits. Ils ont entamé une procédure de faillite en 1977 et licencié des milliers de travailleurs. Les travailleurs ont résisté, avec comme mot d'ordre « Enquêtez sur le Milwaukeegate, » mais les patrons et les tribunaux ont protégé le capital au détriment des emplois et de la sécurité des travailleurs. Au cours des décennies suivantes, avec la complicité des responsables syndicaux, les propriétaires des chemins de fer ont réduit les équipages de trains de marchandises, de quatre à deux personnes, et dans certains cas à un seul mécanicien.

Mineurs pour la démocratie (MFD) – Mouvement issu de la base des UMWA, fondé en avril 1970. Forgé lors des combats des mineurs de Virginie-Occidentale et d'autres bassins miniers des Appalaches contre l'anthracose (maladie du poumon noir), les explosions mortelles et autres conditions dangereuses. Après l'assassinat en 1969 de son candidat à la présidence des UMWA, Joseph Yablonski, les MFD ont chassé en 1972 la bureaucratie bien ancrée du président Tony Boyle, qui avait collaboré avec les patrons des mines. Arnold Miller a été élu président des UMWA. Boyle a été condamné plus tard pour les meurtres de Yablonski et de sa famille. *Voir aussi* : Anthracose (maladie du poumon noir).

216 GLOSSAIRE

NEA – Association nationale de l'éducation, l'un des deux principaux syndicats d'enseignants américains avec l'AFT, la Fédération américaine des enseignants.

Nicaragua, révolution au – Le 19 juillet 1979, le Front sandiniste de libération nationale a dirigé une insurrection populaire qui a renversé la tyrannie de la famille Somoza, soutenue par les États-Unis. Le gouvernement des travailleurs et des agriculteurs, dirigé par le FSLN, a mobilisé les travailleurs contre les propriétaires terriens et les capitalistes et a battu en 1987 les contre-révolutionnaires (« *contras* ») durant une guerre initiée par l'impérialisme américain. Cette révolution a stimulé les luttes populaires dans toute l'Amérique centrale et a permis de tisser des liens avec les révolutions à Cuba et à la Grenade. À la fin des années 80, la direction du FSLN a abandonné son cours révolutionnaire. Les travailleurs et les paysans s'en sont détournés. Mais les relations sociales capitalistes ont été maintenues. *Voir* Somoza Debayle, Anastasio.

Oklahoma City, campagne de syndicalisation des TUA à – En juillet 1979, les travailleurs de l'usine General Motors d'Oklahoma City ont voté à plus de 2 contre 1 pour se joindre aux Travailleurs unis de l'automobile (TUA).

Parti des agriculteurs et des travailleurs – Fondé au Minnesota en 1918, pendant la première guerre mondiale, par des syndicats et des groupes d'agriculteurs avec le soutien de couches de la classe moyenne urbaine. Il a présenté des candidats contre les démocrates et les républicains à la législature d'État et au Congrès mais a limité son programme à des réformes du capitalisme. Il s'est tourné vers l'administration démocrate de Franklin Roosevelt pendant la crise économique et sociale des années 30 et s'est dissout dans le Parti démocrate pendant la seconde guerre mondiale.

Parti socialiste des travailleurs : branches, sections locales, districts – La branche est l'unité de base du SWP. Elle comprend cinq membres ou plus. Selon la constitution du SWP,

« lorsque trois branches ou plus se trouvent dans une même localité, » elles constituent une section locale et élisent un comité exécutif local. Sur décision du Comité national du parti, des comités exécutifs d'État ou de district peuvent être élus pour guider le travail du parti dans des régions géographiques plus vastes.

Parti socialiste des travailleurs : Comité national du – La plus haute instance de direction du parti entre les congrès, élu par les délégués au congrès. Le comité national élit à son tour un comité politique qui est sous sa direction et applique les décisions du parti entre les réunions du Comité national.

Perspectiva Mundial – Magazine socialiste en espagnol lancé en janvier 1977. A fusionné avec l'hebdomadaire *The Militant* en 2005, en se convertissant en une section du journal appelée *El Militante*.

Plus-value – Portion de la valeur créée par les travailleurs au cours de la production capitaliste que la bourgeoisie s'approprie comme surplus au lieu de la verser aux travailleurs comme salaire. Source de profit, de rente et d'intérêts que se partagent les capitalistes industriels, commerciaux et financiers rivaux par le biais de la concurrence.

Procès en vertu de la loi de Smith (1941) – À la fin de 1941, 18 dirigeants du SWP et des Teamsters de Minneapolis ont été accusés d'avoir violé la loi de Smith, une loi fédérale contre la liberté d'expression adoptée en 1940. Condamnés pour « conspiration » dans le but « d'enseigner, de défendre et d'encourager » les idées révolutionnaires, leur véritable « crime » avait été d'organiser l'opposition ouvrière aux objectifs de Washington pendant la seconde guerre mondiale. Douze d'entre eux, dont James P. Cannon et Farrell Dobbs, ont été emprisonnés du 31 décembre 1943 au début de 1945 dans le pénitencier fédéral de Sandstone, au Minnesota. Six autres ont purgé des peines plus courtes. *Voir* Cannon, James P. ; Dobbs, Farrell ; Teamsters, série de livres sur les.

218   GLOSSAIRE

Quatrième Internationale – Organisation mondiale de partis ouvriers communistes, fondée en 1938 à l'initiative du dirigeant bolchevique Léon Trotsky en collaboration avec la direction du Parti socialiste des travailleurs et de révolutionnaires d'autres pays. Son programme renouait avec le cours internationaliste prolétarien tracé par l'Internationale communiste (Comintern), fondée en 1919 sous la direction de Lénine. Dans la dernière moitié des années 20, après la mort de Lénine, les couches bureaucratiques privilégiées en URSS, dont le principal représentant était Joseph Staline, ont subordonné le Comintern aux besoins diplomatiques et aux intérêts nationaux de Moscou. Ces couches ont imposé un cours de collaboration de classe aux partis communistes affiliés dans le monde entier.

Récession (1974-1975) – Jusqu'alors, la plus longue et la plus profonde contraction de la production et du commerce depuis la grande dépression des années 30. Le taux de chômage aux États-Unis est monté en flèche, atteignant 9 pour cent.

Sankara, Thomas – *Voir* Burkina Faso.

SIEPB – Syndicat international des employées et employés professionnels-les et de bureaux.

Somoza Debayle, Anastasio (1925-1980) – Dernier de la dynastie de dictateurs de la famille Somoza instaurée en 1936. A dirigé le Nicaragua du milieu des années 60 jusqu'au triomphe révolutionnaire de juillet 1979. Assassiné au Paraguay en 1980.

Soviets – Signifie « conseils » en russe. Ces organismes ont vu le jour lors des révolutions de 1905 et de 1917. Les travailleurs, les paysans, les soldats et les marins élisaient des délégués pour les représenter dans la lutte. En octobre 1917, à l'initiative des bolcheviks dirigés par Lénine, les travailleurs ont renversé le gouvernement provisoire capitaliste et établi une république des travailleurs et des paysans, basée sur les soviets. *Voir aussi* : Bolcheviks ; Lénine, V. I. ; Trotsky, Léon.

Spontanéisme – Point de vue selon lequel la direction de la classe ouvrière naît d'elle-même quand l'action révolutionnaire l'exige.

Les spontanéistes rejettent la perspective de construire des partis prolétariens selon les lignes centralisatrices révolutionnaires des bolcheviks sous la direction de Lénine.

Syndicat international des travailleurs des industries pétrolière, chimique et atomique (OCAW) – S'est joint aux Métallurgistes unis d'Amérique en 2005.

Teamsters – Fraternité internationale des Teamsters, fondée en 1903, à l'époque où les marchandises étaient transportées localement par des attelages de chevaux (*teams*) guidés par des chauffeurs (*teamsters*). Avec l'essor du camionnage motorisé, les chauffeurs se sont organisés à l'échelle locale en syndicats de métier. Dans les années 30, des campagnes de syndicalisation ont permis à un quart de million de chauffeurs routiers d'adhérer aux Teamsters sur la base d'un syndicat industriel. *Voir* Brown, Bill ; Teamsters, série de livres sur les.

Teamsters, série de livres sur les – *Rébellion Teamster, Teamster Power, Teamster Politics et Teamster Bureaucracy* sont une série en quatre volumes sur les grèves et les campagnes de syndicalisation des années 30 qui ont transformé le syndicat des Teamsters à Minneapolis puis dans tout le centre des États-Unis en un mouvement syndical industriel de lutte. Écrits par Farrell Dobbs, un des principaux dirigeants de ces batailles et plus tard secrétaire national du Parti socialiste des travailleurs. *Voir* Dobbs, Farrell.

Travailleur-bolchevik – À l'origine, il s'agissait des cadres ouvriers du parti bolchevique en Russie sous la direction de Lénine. C'est aujourd'hui le terme qu'utilisent les cadres ouvriers des partis communistes dont la continuité remonte aux bolcheviks et à l'Internationale communiste.

Trotsky, Léon (1879-1940) – Membre de la direction centrale des bolcheviks sous Lénine. C'est cette direction bolchevique qui a dirigé la révolution d'octobre 1917 en Russie et l'Internationale communiste. Pendant la guerre civile de 1918-1920, Trotsky a commandé l'armée rouge, qui a vaincu les troupes contre-révolutionnaires et les armées impérialistes. À partir du milieu des années 20, il a mené un combat mondial pour défendre le cours prolétarien de Lénine au sein de l'Internationale communiste. Expulsé d'URSS en 1929, il a poursuivi la lutte en exil. Dirigeant fondateur de la Quatrième Internationale en 1938. Assassiné au Mexique sur les ordres de Staline.

TUA – Travailleurs unis de l'automobile.

UMWA – Syndicat des Mineurs unis d'Amérique, fondé en 1890 ; l'un des premiers syndicats à avoir des travailleurs noirs en son sein. Au milieu des années 30, s'est séparé de l'AFL, basée sur les syndicats de métiers, et a fait partie des syndicats fondateurs du Congrès des organisations industrielles (CIO).

UTU – Travailleurs unis des transports, aujourd'hui appelé SMART TD. Fondé en 1969 par la fusion de quatre syndicats de métier, dont les chauffeurs, les mécaniciens, les conducteurs de train, les serre-freins et les aiguilleurs. Depuis 2008, suite à la fusion avec l'Association internationale des ouvriers du métal en feuille, la division ferroviaire du syndicat fusionné a pris un nouveau nom.

Vietnam – En 1975, les forces de libération vietnamiennes ont vaincu le régime installé par les États-Unis dans la moitié sud du pays et ont expulsé les dernières troupes de Washington. Elles ont réunifié le Vietnam, divisé en 1945 par les impérialismes français, britannique et américain. En 1979, lorsque Hanoï a aidé l'opposition cambodgienne à renverser la tyrannie meurtrière de Pol Pot, Pékin, qui soutenait Pol Pot, a envahi le Vietnam. Le SWP a alors appuyé le renversement de Pol Pot et a condamné l'invasion par Pékin. Mais la plupart des radicaux aux États-Unis et dans le monde ont dénoncé le Vietnam. L'invasion de la Chine a été repoussée plus tard en 1979. *Voir* Cambodge.

INDEX

Abel, I. W., 71-72, 74-75
Action affirmative, 51, 123-124, 136, 158-159
Action politique indépendante de la classe ouvrière, 15, 23, 31, 49, 52, 55, 100, 112, 115, 119, 131, 138-139, 148, 175, 204, 216
Afrique du Sud, 35, 103, 153, 206, 208
Agriculteurs, 18-19, 23, 34, 96, 121-122
  et le mouvement syndical, 51, 96, 109, 121-122, 190, 216
  Voir aussi Gouvernement des travailleurs et des agriculteurs
Aile lutte de classe. Voir Syndicats ; Teamsters, syndicat des, section de Minneapolis
Alliance des jeunes socialistes, 7, 11, 30, 205
Amendement pour l'égalité des droits, 103, 118-119, 147, 156, 159, 205
Angola, 34-35, 81, 205-206
Anthracose (maladie du poumon noir), 36, 206, 215
Apartheid. Voir Afrique du Sud
Appalaches, 40, 44, 146, 206, 215
Association internationale des machinistes (AIM), 42, 45, 132
Association nationale de l'éducation, 32, 216

Atlantic Monthly, 20
Autochtones, lutte pour les droits des, 118
Avortement, 23, 103, 119

Background to « The Struggle for a Proletarian Party » (Cannon), 188
Baez, Joan, 95
Balanoff, Jim, 72
Barnes, Jack, 7-8, 31, 54-55, 71-72, 77-78, 173, 201
BBC, réseau de télévision, 20
Le bilan anti-ouvrier des Clinton : Pourquoi Washington craint les travailleurs (Barnes), 8
Bishop, Maurice, 25-26, 212
Blackstock, Nelson, 153
Bloomington (Indiana), campagne de défense à, 7
Bobroff, Ellen, 159-164
Boston, lutte pour la déségrégation, 139-140, 207
Brown, Bill, 109, 207
Brutalité policière, 23-24, 103, 118
Burkina Faso, 207-208

Cambodge (Kampuchea), 81, 95, 208, 220
Camionneurs indépendants, 51, 87, 208-209
Campagne « Achetons américain », 51, 123

Cannon, James P., 15-16, 20-21, 115-117, 188, 209, 217
  développement de la direction, 33, 70
  fractions du parti dans l'industrie, 45, 60, 130
  « parler du socialisme », 130
  « révolutionnaires libres de toute attache », 60
Capitalisme aux États-Unis, 47, 50, 95, 175-176
  campagne « Achetons américain », 51, 123
  crise économique, 40, 83-84, 141, 174-175
    gel des salaires, 34, 80, 84, 138, 211
    inflation (dans les années 70), 35, 49, 83-84, 86, 118, 211
    offensive contre la classe ouvrière, 9-10, 12, 19-20, 29, 33, 35-37, 42-44, 46-51, 74, 84-87, 91-92, 94, 103, 138, 152, 174-177, 204, 215
    viande et pétrole, fausses pénuries de (1973), 84, 86-87, 138
  et travail social, 23, 40-41
  Voir aussi Chômage ; Récession (1974-1975) ; Soins de santé
Cap-Vert, 34
Carleton, université (Minnesota), 7
Carter, James, 91, 212
Castro, Fidel, 25-26, 195
« Ceinture de soleil », 124, 130
Chantiers navals, 45, 55
Chauffeurs, 14, 112, 210, 219
  Voir aussi Teamsters, syndicat des
Cheminots, 44, 128, 138
  conditions de sécurité, 14, 23, 36, 215

Cheminots (suite)
  Voir aussi Comité pour le droit de vote (UTU) ; Milwaukee Road, faillite de la, campagne ouvrière contre
Chicanos, lutte pour les droits des, 37, 68-69, 73, 88, 93, 118
Chômage, 35, 47-49, 51, 86, 117, 204
Chrysler, la compagnie, 118
Church, Sam, 150
Classe ouvrière, 22-26, 28, 37, 51, 65-66, 81-82, 133, 175-176
  composition changeante de la (années 70), 37, 88-91
  confiance dans sa capacité de lutter, 13, 26, 42, 53, 68-69, 73, 88, 94, 114-115, 157-158
  conscience changeante au sein de, 86-88, 122-125, 131, 177
    doit être défaite pour restaurer l'expansion capitaliste, 141, 174, 177
  jeunes travailleurs, 37, 42, 51, 132
  ses alliés, 35, 50-51, 95-96, 121-122, 190-191
  solidarité, 13, 24, 26, 50-55, 91, 100, 105, 109, 118, 122, 133-135, 140, 146, 149, 152, 157, 176
    internationale, 35, 136, 191
  les travailleurs comme des « déplorables », 14-15, 21-22
  travailleurs industriels, la force fondamentale des, 24-25, 40-42, 67-68
  vient au centre de la politique aux États-Unis, 12-13, 18-19, 29, 32-33, 35, 44
  Voir aussi Capitalisme, offensive contre la classe ouvrière ; Syndicats
CNN, réseau de télévision, 20

Coalition des femmes syndiquées, 138, 209
Collaboration de classe. *Voir* Syndicats, bureaucratie
Comité fair-play pour Cuba, 7
Comité pour le droit de vote (UTU), 36, 138, 209
« Comment le syndicat des Teamsters a organisé les camionneurs indépendants dans les années 30 » (Dobbs), 208-209
Commerçants, petits, 21, 96
Communauté centre-américaine, à Miami, à Washington, 129
Communauté chicana, Salt Lake City, Denver, 129
Communauté cubaine à Miami, 129
Communauté mexicaine, Salt Lake City, Denver, 129
Communisme, 10, 39, 93
« pas une doctrine, mais un mouvement », 14, 105, 201-204
Composition de classe du SWP. *Voir* Parti socialiste des travailleurs, composition et programme prolétariens
Congrès des organisations industrielles (CIO), 44, 209
Conscience de classe, 13-15, 18-25, 31, 41, 52, 55, 92-94, 122-125, 211
attaques contre la, par la « méritocratie », la gauche petite-bourgeoise, 19-23, 25-26
et mouvements de protestations sociales, 88, 93-94
« nous, plutôt que je », 73, 122-123
et pouvoir syndical, 53-54, 75-76, 131, 158
récession de 1974-1975, effets sur la, 38, 78, 86-87

Conscience de classe (*suite*)
signification de la,
Cannon, James P., 20-21
Marx, Engels, 10, 20
Trotsky, 15-16, 115-117
Voir aussi Solidarité
« Construire un parti révolutionnaire de travailleurs socialistes » (résolution du SWP, 1979), 78
Corée, 82
Cour suprême des États-Unis, 123
« Crise du marxisme », 95

Dobbs, Farrell, 16-18, 58, 137, 209-210, 217
caucus de Noirs dans les syndicats (mémorandum de 1969), 137
politique militaire prolétarienne dans la guerre du Vietnam (résolution de 1969), 138
série de livres sur les *Teamsters*, 16, 54, 106-113, 219
Dunne, Vincent R., 117

École Trotsky, 63, 210
« Économie des petits boulots », 14
Économisme, 178, 190, 198, 211
Ellis, Susan, 154-156
Employés du secteur public, attaques contre les, 44, 46, 86, 138
Engels, Friedrich, 10, 14, 104, 121, 210
et Heinzen, Karl, 201-202
et le Manifeste communiste, 10, 14, 20, 93, 201-204, 210-211, 214
Éthiopie, 34, 81, 211

FBI, opérations d'espionnage, 80, 87

Fédération américaine des employés d'État, de comté et de municipalité (AFSCME), 32, 44-46, 205
  « dé-AFSCME-iser » le SWP, 45-46
Fédération américaine des enseignants (AFT), 44, 46, 205, 216
Femmes dans la population active, 37, 88-91
Femmes, lutte pour les droits des, 11, 19, 21, 28-29, 51, 68-69, 73, 131, 149-150, 191-192
  Amendement pour l'égalité des droits (ERA), 103, 118-119
  et la cause *Weber*, 123-124
  Coalition des femmes syndiquées (CLUW), 138
  Conférence des femmes des UMWA (1979), 149, 155
  droit à l'avortement, 23, 103, 119
  et la force des syndicats, 51, 88-91, 121-122, 136
  impact de l'offensive de la classe dirigeante sur les, 35, 47, 93-94
  Projet d'emploi dans les mines de charbon (CEP), 157
First Five Years of the Communist International (Trotsky), 142-143
Flint, Eric, 153
Flint, Rosalinda, 153
Fraenzl, Clare, 146, 157
France, 35

Garderies pour enfants, 51
Gel des salaires (1971), 34, 84, 138, 211
General Electric, grève contre la (1969), 138
Golfe Arabique, 83
Gouvernement des travailleurs et des agriculteurs, 18-19, 93, 98, 119-122

Grève de l'Iron Range, Minnesota (1977), 36, 50, 53, 60, 212
Guerre mondiale, deuxième, 20, 80, 113-114
Guerre du Vietnam, 84
  mouvement contre la, 8, 11, 56, 79-80, 213
  et politique militaire du SWP, 138
« Guerriers de la justice sociale », 21
Guevara, Ernesto Che, 25-26
Guinée-Bissau, 34

Hall, Betty Jean, 157
Halstead, Fred, 56, 213
Handicapés, lutte pour les droits des, 94
Harvard, l'université, 20
Heinzen, Karl, 201-202
Hô Chi Minh-Ville, Vietnam, 34-35
Hoover, Herbert, 108
Hovland, Bill, 163

Impérialisme, États-Unis, 41, 81-83, 143
  conscription, 82-83, 150
  crise mondiale croissante de l', 12, 174-175
  déclin relatif de l', 35, 79-83
  deuxième guerre mondiale, 15, 20-21, 80, 106, 112, 117
  guerre du Vietnam, 8, 11, 34-35, 56, 78-84, 95, 138, 146, 220
In Defense of Marxism (Trotsky), 15-16, 70, 115
Industrie de l'énergie, nationalisation de l', 118
Inflation, 35, 49, 83-84, 86, 118, 211
Internationale communiste, 10, 16, 30-31, 113, 141-143, 174, 195, 207-209, 213-214, 218-220
« Intersectionnalité », 20
Iran, 81-82, 103, 150, 175, 213

Jeune socialiste, revue, 8
Johnston, Sara Jean, 159-164

Kaiser, aluminerie, 123
Kampuchea (Cambodge), 81, 95, 208
Kitt, mine numéro 1, 163
Kmec, Andrew, 71-72

Laos, 81
Lawson, Dave, 159
Lénine, V. I., 16, 59, 70, 97, 121, 207, 209-210, 213-214, 218-220
   Internationale communiste, 113, 141-143, 174, 211, 213, 218
   Parti ouvrier social-démocrate russe, 30, 207
   Révolution russe (octobre 1917), 10, 16, 58, 218
« Leur transformation et la nôtre », 83
Ligue communiste (1847), 202
Ligue communiste d'Amérique (1929-1934), 207-209
Ligues communistes (des années 80 à aujourd'hui), 173-174
Lovell, Frank, 138
Lutte pour un parti prolétarien, La (James Cannon), 15, 70, 115, 188
Luxemburg, Rosa, 178, 214

Malcolm X, 8, 25-26, 203-204
Malcolm X, la libération des Noirs et la voie vers le pouvoir ouvrier (Barnes), 8, 17-19, 54-55
Manifeste communiste, Le (Marx et Engels), 10, 20, 93, 201-203, 211, 214
Marx, Karl, 17, 39-40, 104, 121, 210, 214
   et Le Manifeste communiste, 10, 20, 93, 201-204, 211, 214

Marxisme, 65, 93, 104-105, 128, 201-204
   Voir aussi « Crise du marxisme »
Matérialisme historique, 93
McBride, Lloyd, 71-72, 214
McDonnell Douglas, avions de, 132
« Méritocratie » et « gauche » de la classe moyenne, 19-23, 26, 94-96, 178
Métallos ripostent, Les (1976-1977), 11, 36, 38, 61, 71-76, 139, 214-215
   Voir aussi Sadlowski, Ed ; Métallurgistes Unis d'Amérique
Métallurgistes unis d'Amérique (Métallos), 42-44, 118, 123-125
   Accord expérimental de négociation dans le secteur de l'acier (engagement à ne pas faire grève, 1973), 50, 205
   fraction du SWP dans les, 55, 132, 135-136
   grèves,
      de l'Iron Range (Minnesota, 1977), 36, 50-51, 53, 60, 212
      Newport News, Virginie, grève et campagne de syndicalisation à (1979), 124-125, 136, 149, 215
   Voir aussi Métallos ripostent, Les
Militant, The, hebdomadaire, 11, 35, 38, 52, 72, 104, 117, 119, 128, 133, 137, 147, 153-154, 158-161, 167, 217
   attaque à l'entrée d'une mine (Alabama, 1979), 153-154
   son influence, 18
   travailleurs, articles par des, 128, 149
   ventes aux portes d'usine, 62, 153-154
   Voir aussi Parti socialiste des travailleurs, activité de propagande dans la classe ouvrière

Miller, Arnold, 152, 157-158, 215
Milwaukee Road, faillite de la, campagne ouvrière contre, 87-88, 118, 132, 135, 215
Mineurs de charbon,
  lutte pour salaires impayés (2019), 23
  Voir aussi Mineurs unis d'Amérique (UMWA)
Mineurs pour la démocratie, 36-37, 152, 206, 215
Mineurs unis d'Amérique (UMWA), 11-13, 36-37, 40-42, 44, 145-165, 220
  anthracose (maladie du poumon noir), 36, 206
  femmes mineures, 149-150, 154-159
    Conférence des femmes (1979), 149, 155, 157-158
    et marche des Syndicats pour l'égalité des droits maintenant (Virginie, 1979), 155-156, 158-159
    Voir aussi Projet d'emploi dans les mines de charbon
  fraction du SWP dans les, 136, 145-165
  grèves,
    grève de 110 jours (1977-1978), 40, 44, 50-51, 53, 55, 91-92, 136, 212
    Jericol (Kentucky, 1977-1979), 148, 151-152
    Stearns (Kentucky, 1977-1979), 151-152
  mouvement Mineurs pour la démocratie, 36-37, 215
  santé-sécurité dans les mines, lutte pour la, 148-150, 159-160, 163, 206

Mineurs unis d'Amérique (*suite*)
  solidarité des autres syndicats, 91-92, 136, 152, 157
  Voir aussi Mineurs de charbon
Montgomery, Oliver, 71
Monthly Review, magazine, 95
Moriarty, Tom, 146, 150-154
Mouvements de protestations, sociales et politiques, 26, 37-38, 46-49, 51-52, 61, 77, 88, 92, 103
  impliquer les compagnons de travail, 63, 103
  interaction avec les luttes du mouvement syndical, 94, 121, 191-192
Mozambique, 34

Namibie, 206
Nationalités opprimées, 29, 35, 37, 46, 51, 67-68, 121-122, 177, 190-192, 213
  Voir aussi Autochtones ; Chicanos ; Noirs, lutte pour les droits des ; Portoricains
New Deal (administration Roosevelt), 80
New York Times, 20
New York, ville de, 47, 86, 95, 130, 138, 146
New Yorker, magazine, 20
Newport News, Virginie, grève des Métallos, 124-125, 136, 149, 215
Nicaragua, révolution, 81-82, 103, 118, 131, 175, 195, 216, 218
  Voir aussi Somoza, Anastasio
Nixon, Richard, 34, 80, 83-84, 138, 211
Noirs, lutte pour les droits des, 18-19, 29, 35, 68-69, 80, 86, 93, 103, 118, 123-124, 131, 192, 203-204
  et gouvernement des travailleurs et des agriculteurs, 18-19, 121-122

Noirs, lutte pour les droits des (*suite*)
et Les Métallos ripostent, 72-73
et syndicats, 51, 55, 88-91, 137-138, 220
Voir aussi Boston, lutte pour la déségrégation
Northwest Organizer (hebdomadaire des Teamsters de Minneapolis), 167
« Nouvelle classe ouvrière, » théorie de la, 41
Nouvelle Internationale, revue, 8, 83, 142

Oberlin, Collège d', 19
Oklahoma, campagne syndicale de recrutement des TUA en (1979), 125, 216
Organizational Character of the Socialist Workers Party (résolution de 1965), 70

Parti bolchevique (Russie), 10, 16, 30, 70, 97, 113, 178, 196, 207
Parti communiste, États-Unis, fondation et premières années, 30, 80, 113, 209
Parti démocrate, 12, 80, 216
et la bureaucratie syndicale, 119, 168
indépendance de la classe ouvrière face au, 15, 22-23, 31, 49, 55, 100, 112, 115, 119, 138-139, 176, 204
Parti des agriculteurs et des travailleurs (FLP), 112, 216
Parti ouvrier basé sur les syndicats (*labor party*), 49, 52, 109, 112, 119, 148, 216
Parti ouvrier social-démocrate russe, 30, 207

Parti prolétarien. *Voir* Parti socialiste des travailleurs, composition et programme prolétariens
Parti républicain, 12, 80
indépendance de la classe ouvrière face au, 15, 22, 31, 49, 55, 100, 109-112, 115, 119, 138-139, 176, 204
Parti socialiste des travailleurs, 7-8, 19, 64-65, 77, 113-114, 121, 216-217
activité de propagande dans la classe ouvrière, 17-18, 38, 53-54, 62-63, 100, 104, 131
campagnes électorales, 28, 54, 100, 104, 131-132, 153
Forums ouvriers du Militant, 38, 54, 100, 104
livres sur l'histoire de la classe ouvrière, 16-17, 38, 54, 63, 100-104, 131, 150
Militant, ventes, 18, 28, 53-54, 62, 100, 131
aux mineurs de charbon, 146-154, 158-161
et campagne contre la Milwaukee Road, 135
composition et programme prolétariens, 9, 16, 20-21, 26, 29-32, 37-38, 58, 65-67, 78, 97, 112-113, 177-180, 188-189, 192-194, 196, 200, 219
continuité révolutionnaire du, 9, 15-19, 29-31, 37, 58, 68, 78, 97, 112-113, 177-178, 180, 187-188, 192-194, 196, 200
direction, 27-28, 31-33, 38-39, 58-59, 68-69
Comité national, 7, 11, 27-29, 57, 63-64, 67, 77-79, 126-127, 139, 145, 201, 217

Parti socialiste des travailleurs, direction (*suite*)
  Comité politique, 30, 32, 63, 78, 127, 137-138, 145, 217
  opposition petite-bourgeoise au sein du (années 30), 15, 20-21, 188
  programme de 1938, 26, 113-117
  Voir aussi Teamsters, syndicat des, section de Minneapolis ; Tournant vers l'industrie
Parti socialiste des travailleurs, fractions syndicales, 16, 38, 44-46, 53-59, 63-64, 78, 100-104, 106-108, 119, 125-143
  et branches du parti, 61-62, 148, 185-187
  et postes syndicaux, 132-133, 167-171, 183
  responsabilités, 53-54, 57, 182
    connaître l'industrie et apprendre le métier, 56, 149-151, 155-156, 158-163
    recrutement, 28, 63, 69, 97, 103-105, 112, 136-137, 146, 164, 177, 183-186, 189, 196, 199
  Voir aussi Métallurgistes unis d'Amérique ; Mineurs unis d'Amérique ; Teamsters ; Travailleurs unis des transports
Pêcheurs, 51
« Penser socialement, agir politiquement », 31, 130, 190
Pensions, 47, 148, 212
Perspectiva Mundial, magazine mensuel, 64, 217
Piedmont (Caroline du Nord), 130
Planification familiale, 103
Plus-value, 28, 40, 82, 175-176, 217
Pol Pot, 95, 208, 220
« Politique identitaire », 20-21

Politique militaire prolétarienne pendant la guerre du Vietnam (résolution de 1969, Farrell Dobbs), 138
Portoricains, lutte pour les droits des, 37, 68-69, 88
Portugal, 34, 205
Projet d'emploi dans les mines de charbon, 157
Protectionnisme, 51, 123
Pulley, Andrew, 119, 131-132

Quatrième Internationale, 173-200, 218

Race-baiting, 19-21, 123
Recent Trends in the Labor Movement (Dobbs), 137
Récession (1974-1975), 33-34, 38, 78, 86, 175, 218
« Réseaux sociaux », 20
Révolution à la Grenade, 81, 103, 118, 131, 175, 195, 208, 212, 216
Révolution cubaine, 7-8, 24, 35, 103, 118, 129, 131, 195, 206
  Voir aussi Comité fair-play pour Cuba
Révolution russe (octobre 1917), 10, 16, 24, 58, 113, 214, 218
Revolutionary Strategy in the Fight against the Vietnam War, 138
Rodriguez, Nash, 71
Roosevelt, Franklin, 80-81, 106, 216

Sadlowski, Ed, 71-76, 139, 214-215
San Francisco, 130
Sankara, Thomas, 25-26, 207-208
Scholl, Marvel, 11, 133, 167-171
Section locale 544-CIO (Minneapolis). *Voir* Teamsters, syndicat des, section de Minneapolis

Section locale 574 (Minneapolis).
  Voir Teamsters, syndicat des, section de Minneapolis
Sécurité au travail, 10, 36, 49, 103, 118, 131, 136
  dans les mines de charbon, 149-151, 154-155, 159-160, 162, 206, 212
  Voir aussi Anthracose ; Cheminots
Ségrégation, lutte contre la, 11, 73, 103, 139-140, 145, 207
Selected Articles on the Labor Movement (Dobbs), 136-137
Selected Documents on SWP Trade Union Policy, 137-138
Shachtman, Max, 117
Shilman, Ken, 145-165
Smith, loi du bâillon de, 80-81, 210, 217
« Société post-industrielle, » théorie de la, 41
Soins de santé, 10, 36, 44, 47-49, 103, 212
Solidarité, 13, 51, 105, 109, 118, 151-152
  avec les luttes sociales et politiques, 23-24, 121-122, 135, 140
  avec les luttes syndicales, 26, 36-37, 50, 54-55, 91, 136, 139, 146, 148-149, 157, 212-213
  internationale, 35, 51, 100-103, 136, 176, 191
Somoza, Anastasio, 81, 216, 218
Sondage Gallup, 58
Sont-ils riches parce qu'ils sont intelligents ? Classe, privilège et apprentissage sous le capitalisme (Barnes), 17, 21-22
Soviets (conseils), 67, 115, 214, 218
Soweto, Afrique du Sud, soulèvement de (1976), 35
Sparrows Point, aciérie, (Baltimore), 55, 132, 135

Spontanéisme, 191, 218-219
Staline, Joseph, 16, 98, 214, 218, 220
Standard Oil de l'Ohio, 163
Sweezy, Paul, et « crise du marxisme », 95
Syndicat international des employées et employés professionnels-les et de bureau (SIEPB), 32
Syndicat international des travailleurs des industries pétrolière, chimique et atomique (OCAW), 45, 63-64, 219
« Les syndicats à l'époque de la décadence impérialiste » (Trotsky), 18, 54, 98
Syndicats, 10, 13, 24-25, 52, 85, 154-155
  actions prises par,
    organiser les non-syndiqués, 24, 40, 99-100, 109, 118
    solidarité avec d'autres luttes, 13, 23-24, 26, 50-55, 91, 100-103, 105, 109, 118-124, 135-136, 139-140, 145, 148-149, 151, 157, 176
  aile gauche de lutte de classe, construction d'une, 31, 69, 93, 97-105, 137
  batailles des années 30, 16, 21, 44, 105-113
  bureaucratie, 52-53, 98-100, 141-142, 167-171
    collaboration de classe, 41, 47-50, 63-64, 75, 98-100, 122-123, 130, 215
    domestication par, 170-171
    Voir aussi Abel, I. W.
  démocratie syndicale, lutte pour la, 49-55, 72-74, 100, 105, 118, 149-150, 176

Syndicats (*suite*)
    direction prolétarienne,
        son émergence, 31, 52-53, 66-68, 99-100, 105-106, 109-112
    instruments révolutionnaires de combat de classe, 24-25, 65-66, 85, 98-100, 121
    offensive de la classe dirigeante contre, 9-10, 12-13, 17-20, 29, 33, 35-38, 42-44, 46-51, 74, 84-87, 91-92, 94, 103, 138, 152, 174-177, 204, 215
    programme du parti, présenter le, 16-18, 28, 38-39, 53-54, 61, 100-105, 109-112, 131-132
    périphérie, bâtir une, 103-105, 112
    quotas pour combattre la discrimination, 123-124
    regroupements des Noirs dans (mémorandum de Farrell Dobbs, 1969), 137-138
    retraite des,
        pendant la guerre froide, 107
        fin du vingtième siècle, 11-13, 41-42, 130
    Voir aussi Action politique indépendante de la classe ouvrière ; Parti ouvrier basé sur les syndicats
Syndicats pour l'égalité des droits maintenant, marche des (Richmond, Virginie, 1980), 155-156

Teamster, série de livres sur les, (Dobbs), 16, 54, 106-108, 113, 219
Teamsters, syndicat des, 219
    section de Minneapolis, 44, 80-81, 87, 105-113, 136, 167, 207, 217
Tournant vers l'industrie, 11-15, 27-70, 178-180, 188, 193-194, 200

Tournant vers l'industrie (*suite*)
    décision de faire le tournant (1978), 27, 139, 178-179
    préparation pour le, 137-140
    pourquoi 1978 et pas avant, 29, 32-39, 78
    pourquoi l'industrie lourde, 39-46
    pourquoi les plus grandes usines, 128, 183
    réponse des membres du parti, 12, 78-79, 125-127
    mise en application pratique, 44-46, 97, 99-100, 108-109, 179-181, 183-185, 189-190
    confiance gagnée en participant au, 54, 66-67, 94, 128, 156, 164, 192, 199
    formation comme élément essentiel de, 63-64, 186, 189-190
    fractions. *Voir* Parti socialiste des travailleurs, fractions syndicales
    première année et demie, 24, 77-143, 180-185
    et la Quatrième Internationale, 30, 127, 173-200
    progrès, faits requis à propos des, 193-194, 199-200
    démarches initiales en Iran, Canada, Suède, Nouvelle-Zélande, 180-181
    et les Socialistes internationaux (États-Unis), « industrialisation », 197-199
    Parti socialiste des travailleurs de Grande-Bretagne, conclusion tirée par le, 198-199

Transitional Program for Socialist Revolution (Trotsky), 114-117
Travail social, 22-23, 40-41
Travailleurs immigrants, immigrés, 23, 51, 129, 177
Travailleurs des postes, grève (1969), 138
Travailleurs unis de l'automobile (TUA), 12-13, 44
　campagne de syndicalisation à Oklahoma City (1979), 125, 216
Travailleurs unis des transports (UTU), 118, 135, 220
　Comité pour le droit de vote, 36, 138, 209
Travailleurs-bolcheviks, 33, 59-61, 219
Tribuns du peuple et syndicats (Marx, Lénine, Trotsky, Dobbs, Barnes), 17-18, 54, 98, 117
Trotsky, Léon, 15-16, 18, 54, 70, 98, 121, 187-189, 209, 213
　Internationale communiste, 141-143, 213, 219-220

Trotsky, Léon (*suite*)
　« penser socialement, agir politiquement », 31, 130
　Quatrième Internationale, 16, 178, 218-220
　SWP, 114-117, 187-189

Union soviétique, 16

Vietnam, 34-35, 78, 81, 95, 220
Visage changeant de la politique aux États-Unis : La politique ouvrière et les syndicats, Le (Barnes), 10, 78, 210

Walmart, 14, 23
Watergate, révélations du (début des années 70), 80
Weber, la cause, 123-24, 136
Weinstock, Marvin, 71

Zimmermann, Matilde, 119, 132
Zins, Mary, 146-151

LIVRES QUI COMPLÉMENTENT CELUI-CI

Sont-ils riches parce qu'ils sont intelligents ?
Classe, privilège et apprentissage sous le capitalisme

JACK BARNES

Une réponse aux couches bien payées de la classe moyenne qui voient les travailleurs de toutes couleurs de peau comme de simples « déchets », qui pensent que leur propre « intelligence » les rend compétentes pour « réglementer » la vie des travailleurs. 10 $ US. Aussi en anglais, espagnol, farsi et arabe.

Le bilan anti-ouvrier des Clinton
Pourquoi Washington craint les travailleurs

JACK BARNES

Ce que les travailleurs doivent savoir sur le cours, axé sur le profit, des démocrates et des républicains au cours des 30 dernières années. L'éveil politique des travailleurs qui cherchent à comprendre et à résister aux attaques des dirigeants capitalistes. 10 $ US. Aussi en anglais, espagnol, farsi et grec.

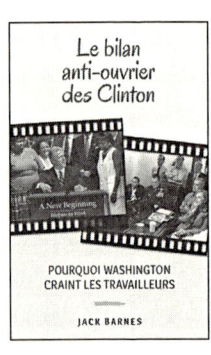

Une révolution socialiste est-elle possible aux États-Unis ?
Un débat nécessaire entre travailleurs

MARY-ALICE WATERS

« Oui » répond l'auteure sans hésiter. Possible mais pas inévitable. Ça dépend de ce que font les travailleurs. 7 $ US. Aussi en anglais, espagnol et farsi.

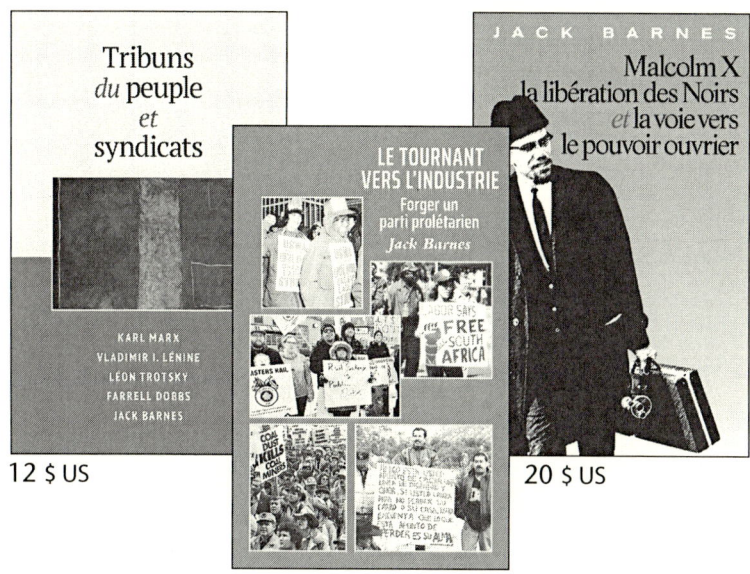

12 $ US
15 $ US
20 $ US

Trois livres qui ne font qu'un

... sur la construction du seul type de parti digne de s'appeler révolutionnaire à l'époque impérialiste.

- Un parti ouvrier par sa composition, sa ligne de conduite et son programme.
- Le seul parti qui puisse reconnaître le fait le plus révolutionnaire de notre époque :

  Le fait que, nous, les travailleurs, ceux que les patrons et les couches privilégiées craignent et traitent de « déplorables », pouvons changer la société en nous organisant et en agissant pour défendre nos intérêts contre ceux qui s'enrichissent à nos dépens.

  Le fait qu'en avançant sur cette voie révolutionnaire, nous nous transformerons et découvrirons nos capacités, notre valeur.

Trois livres qui portent sur la construction d'un tel parti aux États-Unis et à travers le monde capitaliste. Aussi en anglais et en espagnol.

Offre spéciale
Les trois livres pour 30 $ US

Le tournant vers l'industrie et *Tribuns du peuple et syndicats*   20 $ US

Un de ces livres et *Malcolm X, la libération des Noirs et la voie vers le pouvoir ouvrier*   25 $ US

WWW.PATHFINDERPRESS.COM

La série Teamster
FARRELL DOBBS

Des grèves de 1934, qui ont obtenu la reconnaissance du syndicat, à la lutte des travailleurs ayant une conscience de classe contre l'entrée de Washington dans la deuxième guerre mondiale.

Quatre livres qui « valent la peine d'être lus, relus et revus, » dit Jack Barnes. Plus les travailleurs acquerront de l'expérience dans l'industrie et les syndicats, « plus nous apprendrons chaque fois que nous retournerons lire ces livres. »

Quatre tomes, 16 $ US chacun. En anglais et en espagnol. Le premier tome existe en français, farsi et grec.

L'histoire du trotskysme américain, 1928-1938
Le rapport d'un participant
JAMES P. CANNON

« Le trotskysme n'est pas un nouveau mouvement, une nouvelle doctrine, » écrit Cannon, « mais la restauration, la renaissance du marxisme véritable tel qu'il a été exposé et appliqué au cours de la révolution russe et des premiers jours de l'Internationale communiste. » 17 $ US. Aussi en anglais et en espagnol.

En défense de la classe ouvrière américaine
MARY-ALICE WATERS

En 2018, s'appuyant sur les meilleures traditions de lutte des travailleurs de toutes couleurs de peau et origines nationales, des dizaines de milliers de travailleurs, dans des États comme la Virginie-Occidentale, l'Oklahoma et la Floride, ont mené des grèves victorieuses et obtenu le rétablissement du droit de vote pour d'anciens prisonniers. Ceux qu'Hillary Clinton qualifie de « déplorables » ont commencé à riposter. 7 $ US. Aussi en anglais, espagnol et farsi.

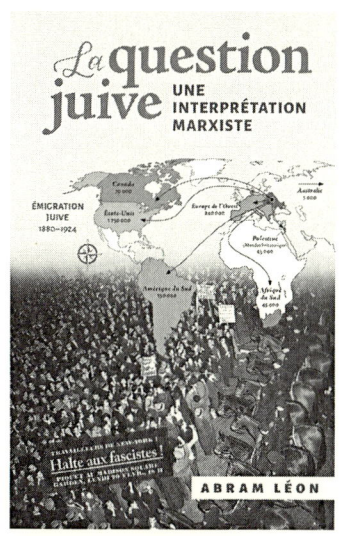

« IL N'Y A AUCUN MOYEN DE RÉSOUDRE LA QUESTION JUIVE INDÉPENDAMMENT DE LA RÉVOLUTION PROLÉTARIENNE MONDIALE. »

— *Abram Léon, 1942*

À PARAÎTRE

À chaque tournant de l'histoire, de l'antiquité en passant par la féodalité, la montée du capitalisme et, depuis un siècle, l'agonie de l'impérialisme, les Juifs ont été victimes de persécutions. Y compris lors du génocide que Hitler a froidement vanté comme la « solution finale. »

Pourquoi la haine des Juifs continue-t-elle à montrer son visage hideux ? Quelles sont ses origines de classe ? Pourquoi n'y a-t-il « pas de solution à la question juive sous le capitalisme, tout comme il n'y a pas de solution aux autres problèmes de l'humanité, » sans luttes révolutionnaires qui nous transforment à mesure que nous luttons pour transformer notre monde ?

Abram Léon a été tué en octobre 1944, à l'âge de 26 ans, dans les chambres à gaz nazies d'Auschwitz. Il nous a laissé ce livre pour aider à répondre à ces questions.

Édition de 2021 avec une nouvelle introduction et plus de 40 pages d'illustrations et de cartes. **17 $ US.** Aussi en anglais et espagnol.

WWW.PATHFINDERPRESS.COM

ÉLARGISSEZ VOTRE ARSENAL RÉVOLUTIONNAIRE

Cuba et la révolution américaine à venir
JACK BARNES

Un livre sur les luttes des travailleurs dans le cœur impérialiste, sur les jeunes que ces luttes attirent et sur l'exemple donné par le peuple cubain que la révolution est non seulement nécessaire, mais qu'on peut la faire. Ce livre porte sur la lutte de classe aux États-Unis, où les capacités révolutionnaires des travailleurs et des agriculteurs sont aujourd'hui aussi totalement ignorées par les puissances dirigeantes que celles des travailleurs et paysans cubains. Et tout aussi à tort. 10 $ US. Aussi en anglais, espagnol et farsi.

Malcolm X parle aux jeunes

« La jeune génération de blancs, de Noirs, de bruns, de n'importe quelle couleur — vous vivez une époque de révolution, » dit Malcolm X en décembre 1964. « Quant à moi, je me joindrai à quiconque, je me fiche de votre couleur, veut changer la condition misérable qui existe sur cette terre. » Une entrevue et quatre discours. 12 $ US. Aussi en anglais, espagnol, farsi et grec.

Les cosmétiques, la mode et l'exploitation des femmes
JOSEPH HANSEN, EVELYN REED, MARY-ALICE WATERS

Comment le grand patronat renforce le statut de deuxième classe des femmes et l'utilise pour faire de gros bénéfices en commercialisant des produits cosmétiques, des vêtements et d'autres biens. Comment l'entrée de millions de femmes dans la population active ouvre la voie vers l'émancipation — qui doit encore être gagnée. 12 $ US. En anglais, espagnol, farsi et grec.

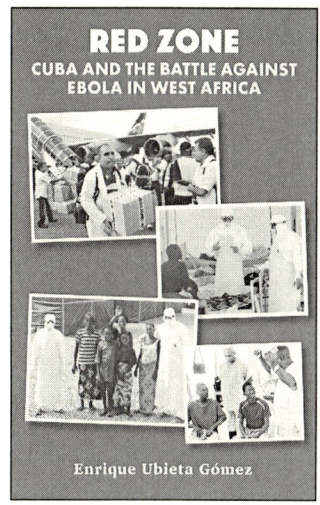

Zone rouge
Cuba et la bataille contre l'Ebola en Afrique de l'Ouest

ENRIQUE UBIETA GÓMEZ

En 2014, trois pays d'Afrique de l'Ouest ont été frappés du virus mortel Ebola. Seul le gouvernement socialiste révolutionnaire de Cuba a fourni ce dont on avait le plus besoin — et ce qu'aucun autre pays n'a même essayé d'apporter. En quelques semaines, plus de 250 médecins, infirmiers, spécialistes de la santé publique et techniciens cubains volontaires étaient sur le terrain pour prodiguer des soins à des milliers d'êtres humains désespérément malades et à leurs familles et communautés traumatisées. 17 $ US. En anglais et en espagnol.

Le Manifeste communiste
KARL MARX ET FRIEDRICH ENGELS

Le communisme, disent les dirigeants fondateurs du mouvement révolutionnaire des travailleurs, ne découle pas de principes préconçus, mais de la ligne de marche de la classe ouvrière vers le pouvoir, un mouvement généré par « une lutte de classe existante, un mouvement historique qui s'opère sous nos yeux. » 5 $ US. Aussi en anglais, espagnol, farsi et arabe.

Le socialisme et l'homme à Cuba
ERNESTO CHE GUEVARA, FIDEL CASTRO

« L'homme atteint réellement sa pleine condition humaine lorsqu'il produit sans être contraint par la nécessité physique de se vendre comme marchandise, » a écrit Che Guevara en 1965. 5 $ US. Aussi en anglais, espagnol, farsi et grec.

WWW.PATHFINDERPRESS.COM

LECTURES SUPPLÉMENTAIRES

Notre histoire s'écrit toujours
L'histoire de trois généraux cubains d'origine chinoise dans la révolution cubaine

ARMANDO CHOY, GUSTAVO CHUI, MOISÉS SÍO WONG, MARY-ALICE WATERS

« Quelle a été la principale mesure pour combattre la discrimination contre les Chinois et les Noirs à Cuba ? Ça a été la révolution socialiste elle-même. » À travers l'expérience des auteurs, nous voyons comment des millions d'hommes et de femmes ordinaires à Cuba ont changé le cours de l'histoire et se sont transformés en le faisant. 15 $ US. Aussi en anglais, espagnol, farsi et chinois.

Thomas Sankara parle
La révolution au Burkina Faso, 1983-1987

THOMAS SANKARA

Sous la direction de Thomas Sankara, le gouvernement révolutionnaire du Burkina Faso en Afrique de l'Ouest a mobilisé les paysans, les travailleurs, les femmes et les jeunes pour alphabétiser la population ; creuser des puits, planter des arbres, construire des maisons ; combattre l'oppression des femmes ; effectuer une réforme agraire ; se joindre à d'autres, en Afrique et dans le monde, pour se libérer du joug impérialiste. 20 $ US. Aussi en anglais.

Sur la Commune de Paris
KARL MARX, FRIEDRICH ENGELS, VLADIMIR I. LÉNINE

Les travailleurs de Paris « sont montés à l'assaut des cieux, a dit Marx. Ils ont pris le pouvoir politique pour la première fois, » en 1871, et la lutte internationale des travailleurs « est entrée dans une ère nouvelle. »

Écrits, lettres et discours sur la Commune de Paris. 15 $ US

Nouvelle Internationale
UNE REVUE DE POLITIQUE ET DE THÉORIE MARXISTES

L'impérialisme U.S. a perdu la guerre froide
JACK BARNES

L'effondrement il y a un quart de siècle des régimes qui prétendaient être communistes en Europe de l'Est et en URSS n'a pas voulu dire que les travailleurs et les agriculteurs de ces pays y avaient été écrasés. Dans les conflits et les guerres intercapitalistes qui s'aiguisent aujourd'hui, ces travailleurs deviennent un obstacle insurmontable au progrès du capitalisme et acquièrent dans la lutte une expérience de direction. Dans *Nouvelle Internationale* N° 6. 14 $ US. Aussi en anglais, espagnol, farsi et grec.

En défense de la terre et du travail

« Par conséquent, la production capitaliste ne se développe qu'en ruinant dans le même temps les sources vives de toute richesse : la terre et le travailleur. » — Karl Marx, 1867

TROIS ARTICLES
DANS *NOUVELLE INTERNATIONALE* N° 8

- **Notre politique commence avec le monde**
  JACK BARNES

- **L'agriculture, la science et les classes travailleuses**
  STEVE CLARK

DANS *NOUVELLE INTERNATIONALE* N° 9

- **L'intendance de la nature incombe aussi à la classe ouvrière**
  JACK BARNES, STEVE CLARK, MARY-ALICE WATERS

14 $ US chacun

WWW.PATHFINDERPRESS.COM

PATHFINDER DANS LE MONDE

ÉTATS-UNIS
(et Amérique latine, Antilles et Asie de l'Est)
> Pathfinder Books, 306 W. 37th St., 13e étage
> New York, NY 10018

CANADA
> Livres Pathfinder, 7107, rue St-Denis, suite 204
> Montréal, QC H2S 2S5

ROYAUME-UNI
(et Europe, Afrique, Moyen-Orient et Asie du Sud)
> Pathfinder Books, 5 Norman Rd.
> Seven Sisters, Londres N15 4ND

AUSTRALIE
(et Asie du Sud-Est et Pacifique)
> Pathfinder Books, Suite 103, 124-128 Beamish St.
> Campsie, Sydney
> Adresse postale : P.O. Box 73, Campsie, NSW 2194

NOUVELLE-ZÉLANDE
> Pathfinder Books, 188a Onehunga Mall Rd.
> Onehunga, Auckland 1061
> Adresse postale : P.O. Box 13857, Auckland 1643

---

pathfinderpress.com

Visitez notre site internet pour voir tous nos titres, pour en commander ou pour devenir membre du

CLUB DES LECTEURS DE PATHFINDER

25 % de réduction sur tous les titres
30 % de réduction sur les titres du mois

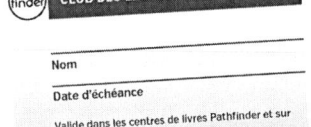

DEVENEZ MEMBRE !
10 $ par année

Valide sur pathfinderpress.com
et chez les distributeurs locaux